FACULTÉ DE DROIT DE L'UNIVERSITÉ DE PARIS

ÉTUDE CRITIQUE

SUR LES

LIVRES DES ASSISES
DE JÉRUSALEM

THÈSE POUR LE DOCTORAT

Présentée et soutenue le 23 *juillet* 1923, *à* 4 *heures*

PAR

Maurice GRANDCLAUDE

Président : M. CHÉNON *Professeur*

Suffragants { MM. *Paul Fournier Professeur*
Olivier Martin Professeur

PARIS

JOUVE & Cⁱᵉ, ÉDITEURS

15, RUE RACINE, 15

1923

THÈSE

POUR

LE DOCTORAT

ÉTUDE CRITIQUE

SUR LES

LIVRES DES ASSISES DE JÉRUSALEM

THÈSE POUR LE DOCTORAT

Présentée et soutenue le 23 juillet 1923, à 4 heures

PAR

Maurice GRANDCLAUDE

Président : M. CHÉNON *Professeur*
Suffragants { MM. *Paul Fournier Professeur*
Olivier Martin Professeur

PARIS

JOUVE & Cie, ÉDITEURS

15, RUE RACINE, 15

1923

AVERTISSEMENT

Ce modeste travail n'a pas la prétention d'être une œuvre harmonieusement développée dans toutes ses parties. Il n'a qu'un seul but : fournir les éléments nécessaires à une meilleure utilisation des livres connus sous le nom d'*Assises de Jérusalem.*

Certains traités secondaires comme ceux de Jacques d'Ibelin et de Geoffroy le Tort ou comme la Clef des assises n'ont fait l'objet, dans la présente étude, que de très courtes observations.

Il n'a pas paru nécessaire non plus d'insister sur les qualités intrinsèques des livres des assises qu'un chercheur un peu averti pourra apprécier à première lecture.

Notre intention a été de classer les manuscrits afin d'en rechercher la meilleure leçon, de dater les œuvres, de les situer dans leur milieu historique et d'étudier la personnalité de leurs auteurs.

C'est faute d'un contrôle suffisant de ces différents points que nombre d'erreurs ont été commises dans l'interprétation des livres des assises.

ETUDE CRITIQUE

SUR LES

LIVRES DES ASSISES
DE JÉRUSALEM

INTRODUCTION

Explication des mots « Assises de Jérusalem »

Par ces mots « Assises de Jérusalem » on désigne couramment les œuvres des praticiens des royaumes de Syrie et de Chypre qui sont parvenues jusqu'à nous et que Beugnot a réunies et éditées dans le recueil des historiens des croisades.

Ce vocable n'est pas très heureux ; il pourrait faire croire que nous possédons un corps de droit, une coutume rédigée intitulée « Assises de Jérusalem ». En réalité, le livre de Jean d'Ibelin, celui de Philippe Novare, et tous les autres livres que nous désignons sous le titre global d' « Assises de Jérusalem » sont des œuvres individuelles dépourvues de tout caractère officiel et absolument indépendantes les unes des autres.

L'expression « Assises de Jérusalem » a un autre défaut plus grave : elle est moderne.

Par ces mêmes mots, les hommes de Syrie et de Chypre entendaient deux choses (1) : ou bien les parties de droit qui avaient été établies par le roi et ses « hommes » réunis en conseil (2), ou bien par extension tout l'ensemble du

---

1. Même trois, le mot Assises pouvait désigner l'audience du tribunal, mais cette acception si courante en Europe était rare en Orient. Je n'en ai trouvé qu'un exemple. Ibelin, ch. CCLIII.

2. Cf. ci-dessous.

droit. Cette deuxième acception est devenue la plus courante à partir du xiiie siècle (1-2).

Définition des éléments constitutifs du droit des royaumes de Jérusalem et de Chypre

Le droit de l'Orient latin se composait d'un certain nombre d'éléments différents.

On peut distinguer :

1° Les assises stricto sensu, œuvre commune du roi et des hommes.

2° Les ordonnements ou espéciaus coumandements établis par le roi sans les hommes.

3° Les remèdes faits par les hommes sans le roi.

4° Les ordonnements de la cour de Nicosie.

5° Les bons us et les bones coutumes.

6° Les simples usages.

7° Les livres des jurisconsultes.

Nous allons essayer de définir successivement chacun de ces éléments ; nous verrons plus tard, en faisant l'historique du droit latin, quels furent à travers les siècles leur rôle et leur importance respective en Syrie et en Chypre.

1. Cf. par ex. Clef des assises, ch. 41 ; Beugnot, p. 582 ; Florio Bustron, p 4.

2. Pour éviter toute confusion j'appellerai les documents édités par Beugnot *les Livres des Assises de Jérusalem*, réservant l'expression d'Assises de Jérusalem à l'ensemble du droit latin ou aux parties du droit qui ont été établies par le roi et ses hommes.

CHAPITRE PREMIER

I. — LES ASSISES

Définition. — Strictement et proprement, l'assise est une décision d'ordre législatif prise par le roi et ses hommes (1).

Comme la loi moderne l'assise peut supprimer le droit antérieur ou le modifier (2) ou le compléter (3) Elle peut créer du droit nouveau. Elle était appliquée dans toute l'étendue du royaume (4).

Qui faisait les assises. — Les assises étaient faites par le roi et ses hommes réunis en conseil. Mais quels étaient exactement ces hommes ?

Question embarrassante et qui divise les auteurs. D'après Beugnot (5) et Dodu (6), les assises, toutes les assises seraient l'œuvre commune du roi, des nobles et des bourgeois réunis en parlement. D'après de Mas Latrie (7), les assises auraient été établies par la Haute Cour, c'est-à dire par le roi et les nobles sans les bourgeois.

---

1. Philippe de Novare, ch. 71; Beugnot, I, p. 542 ; *Livre des Assises des Bourgeois,* ch. 257; Beugnot, II, p. 140, etc.
2. Ibelin, ch. III, etc.
3. Philippe de Novare, ch. 71, p. 542.
4. Le roi jurait de mener par les assises le peuple de tout le royaume. Ibelin, ch. 7 (ne pas oublier que les principautés de Tripoli, d'Antioche et d'Edesse ne faisaient pas partie du royaume de Jérusalem).
5. Beugnot, *Assises de Jérusalem*, t. II, p. 235, note.
6. Dodu, *H. des inst. Mon. d. roy. lat. d. J.*, p. 163-164.
7. De Mas Latrie, *Hist. de l'île de Chypre*, t. III, p. 844.

Pour résoudre le problème, il faudrait savoir :

1° Si les nobles intervenaient toujours dans l'établissement de toutes les assises féodales ou non féodales.

2° Si des bourgeois intervenaient aussi; s'ils intervenaient toujours, ou seulement quelquefois.

3° Quels étaient ces nobles.

4° Quels étaient ces bourgeois.

5° Quels personnages pouvaient se joindre à ces nobles et à ces bourgeois.

Est-ce que des nobles intervenaient toujours ? — A la première question, il est facile de répondre. Tous les textes sont d'accord pour affirmer que les hommes du roi, les liges, prenaient toujours part à l'établissement de toutes les assises. Non seulement ils intervenaient dans les assises générales (1), ou dans les assises féodales (2), mais leur concours était encore nécessaire pour les assises proprement bourgeoises. Le *Livre des Assises des Bourgeois* conteste la validité d'un règlement sur le nettoyage des rues de Jérusalem, parce qu'il fut pris par le roi Baudoin sans le concours de ses *hommes* et des bourgeois de la cité (3). En 1312 une assise sur le serment que devaient prêter le vicomte et les jurés de la cour bourgeoise de Nicosie fut faite par le roi Henri et ses hommes (4).

Est-ce que des bourgeois intervenaient toujours ou seulement quelquefois ? — Les nobles n'agissaient pas toujours seuls ; parfois des bourgeois concouraient avec eux à l'établissement de certaines assises. L'exemple de ce règlement de voirie de Baudoin II suffirait à le prouver. Mais il existe d'autres textes. Au chapitre II de son livre, Jean d'Ibelin raconte que Godefroy de Bouillon a établi deux juridictions : la Haute Cour pour juger les nobles, la Cour du vicomte pour les non nobles ; et il ajoute que tout ceci fut établi par commun accord du seigneur, de ses hommes

---

1. Livre de J. d'Ibelin, ch. 2,3 etc. Kausler, ch. 382, Bans et Ordonnemens, ch. 31, 4, Beugnot, t. II, p. 377.

2. Philippe de Novare, ch. 71.

3. *Livre des As. des Bourg.*, ch. 303.

4. Kausler, ch. 382.

et des bourgeois (1). En 1250 pour instituer un greffe dans les juridictions féodales et roturières, le sire d'Arsur baile du royaume fit appeler tous les liges qu'il put trouver à Acre et les bourgois de la cour du vicomte d'Acre (2).

Il apparaît donc que des bourgeois ont parfois concouru à l'établissement d'assises, mais rien ne prouve qu'ils y aient concouru de façon régulière. Jamais aucun feudiste ne mentionne l'intervention de bourgeois (3) ; tous semblent supposer que les assises féodales étaient établies par le roi, ses hommes et quelques conseillers techniques (4).

Les bourgeois concouraient-ils au moins de façon constante à la rédaction des assises non féodales ? C'est douteux ; les textes que nous avons cités ne le démontrent pas. Si les bourgeois de la cité de Jérusalem devaient intervenir à l'établissement d'un règlement de voirie urbaine, c'est peut-être parce qu'ils possédaient des franchises particulières. C'est peut-être aussi pour respecter quelques statuts ou simplement pour connaître leur avis que Godefroy de Bouillon a, — s'il faut en croire Jean d'Ibelin, — appelé les bourgeois avant d'organiser les deux juridictions séculières ; et que en 1250 le sire d'Arsur a convoqué les bourgeois de la cour d'Acre, avant de créer un greffe.

Deux des textes, il est vrai, qui mentionnent l'intervention à la fois des nobles et des bourgeois paraissent les

1. Je ne discute pas ici la valeur historique de ce témoignage de Jean d'Ibelin sur des faits de 150 antérieurs à lui. Son témoignage démontre du moins qu'au xiii° siècle, on considérait l'intervention des bourgeois comme utile à l'établissement de cours bourgeoises.

2. *Abrégé du Livre des Assises des Bourgeois*, ch. 13 ; Beugnot, II, p. 246.

3. Philippe de Novare dit qu'au xii° siècle, toutes les assises étaient rédigées sur une charte particulière, et que chacune portait le sceau et le signau du roi, du patriarche et du vicomte de Jérusalem. Ce magistrat assistait donc à la rédaction de toutes les assises. Il ne s'en suit nullement qu'il y assistait comme représentant bourgeois ; il était peut-être présent comme gardien responsable des « lettres » du Saint-Sépulcre ou comme conseiller. Le vicomte était un haut fonctionnaire, et presque toujours un assez puissant seigneur. Au xiv° siècle le vicomte de Nicosie était obligatoirement chevalier et homme du roi. *Abrégé du L. des As. des Bourg.*, ch. II ; Beugnot, II, p. 236 ; sur les lettres du Saint-Sépulcre, cf. *ultra*.

4. Jean d'Ibelin, ch. 3 ; Philippe de Novare, ch. 71.

mettre tous deux sur un pied absolu d'égalité, et leur attribuent un rôle identique (1). Ceci pourrait faire supposer qu'en matière non féodale, l'intervention des bourgeois était chose normale et régulière.

Mais cette hypothèse se heurte aux plus graves objections. D'abord le troisième texte mentionnant une intervention de bourgeois, sans être très explicite, semble distinguer leur rôle de celui des nobles (2). Enfin et surtout une assise sur le serment *du vicomte* et *des jurés*, dont nous possédons le texte intégral, est dite prise par le roi et ses hommes (3), sans mention des bourgeois (4). Il en est de même d'une autre assise sur la répression du vol (5). Ces deux assises, les deux seules dont nous possédions le texte complet, se terminent toutes deux par cette même formule qui était peut-être de style « et il y a rien que il se peusse faire par le roi et ses homes » (6). Voilà qui semble bien exclure toute intervention bourgeoise (7-8).

En résumé, il est sûr que les bourgeois ont parfois collaboré à la création de certaines assises. Il est probable qu'ils ne concouraient pas à l'établissement des assises pu-

---

1. Le roi Baudoin prit [ces establissemens sans le conseil de ses homes et de ses borges de la cité. *Livre des As. des Bourgeois*, ch. 303. Godefroy de Bouillon établit les deux juridictions et « ensi fu lors establi par comun acort dou seignor de ses homes et de borgeis ». Ibelin, ch. 2.

2. *Abrégé du L. des Ass des Bourg.*, ch. 15 à 17, p. 246-249.

3. Cette expression : homme du roi, qui désigne les liges exclut, certainement les bourgeois ; voir *Abrégé du L. des As. des Bourg.* ch. 2.

4. Kausler, ch. 382. —

5. *Ban et Ord. des roys de Chypre*, ch. 31, Beugnot, II, p. 373-377.

6. Beugnot, II, p. 377 ; Kauslet, p. 420.

7. Quand, au début du xive siècle, le vicomte et les jurés de Nicosie refusèrent d'appliquer un règlement sur la répression de l'homicide fait par le roi Henri seul, ils déclarèrent au prince agir ainsi parce qu'ils ne voulaient pas violer leur serment de maintenir les assises de Jérusalem, mais ils ne lui reprochèrent pas de ne pas les avoir consultés. *Abrégé du Liv. des Assises des Bourg.*, ch. 21 ; Beugnot, II, p. 320-322.

8. Dans un chapitre très explicite sur l'établissement des premières assises, Jean d'Ibelin mentionne l'intervention du patriarche, du vicomte, des barons et hauts hommes, de sages et d'étrangers, mais il ne parle pas des bourgeois. Ibelin, ch. 1-3.

rement féodales, et il est extrêmement douteux qu'ils soient intervenus de façon constante et obligatoire à l'élaboration de toutes les assises non féodales.

Quels nobles concouraient à l'établissement des assises ? — Il ne suffit pas de savoir que des nobles et des bourgeois ont pris part à l'établissement des assises, il faut encore préciser quels étaient ces nobles et ces bourgeois.

Pour les premiers, la chose est aisée : c'était les hommes du roi. Tous les textes le disent très nettement, et nous savons parfaitement qui ils étaient. A l'origine, seuls les barons et hauts hommes étaient vassaux immédiats du roi, et lui prêtaient l'hommage lige. C'est pour cela que, d'après Jean d'Ibelin (1), les premières assises furent faites par le conseil des barons et des hauts hommes et de quelques jurisconsultes éminents. Mais plus tard, depuis le règne d'Amaury, tous les détenteurs de fiefs du royaume, vassaux immédiats ou arrière-vassaux, durent prêter au roi l'*hommage lige*, et ils devinrent tous pairs, tous membres de la Haute-Cour, et tous également hommes du roi (2).

Ces divers vassaux étaient sans doute convoqués auprès du roi par une semonce. Ils se réunissaient autour de leur chef seigneur comme pour un service de consilium, et leur pouvoir législatif devait avoir les apparences d'une obligation vassalique.

Quels étaient les bourgeois qui intervenaient dans l'établissement des assises? — Il est plus difficile de deviner quels bourgeois ont parfois concouru avec les nobles à l'établissement des assises. Il faut d'abord savoir exactement ce que signifie ce mot : bourgeois. Il a deux sens bien différents. Il peut désigner tout individu de race franque qui n'est ni féodal, ni serf, ni citoyen d'une des républiques marchandes auxquelles avaient été concédés des privilèges de juridiction. Il peut désigner ensuite les membres d'une cour de vicomte, les magistrats chargés de juger ces hommes libres et non nobles (3). Ce deuxième

1. Jean d'Ibelin, ch. 3.
2. Philippe de Novare, ch. 5o et suiv., cf. *ultra*.
3. *Ab. du L. des Ass. des Bourg.*, ch. II, Beugnot, II, p. 226.

— 14 —

sens est le plus fréquent dans les textes juridiques ; il est
le seul qu'on puisse accepter ici. Comment supposer que
des représentants de la classe bourgeoise soient venus
légiférer avec les nobles en plein moyen âge, et dans un
pays qui semble être resté presque complètement étranger
au mouvement communal ? Ces bourgeois législateurs, dont
parlent les textes, ce sont les membres des juridictions
roturières, ce sont les vicomtes et jurés. C'est du reste ce
que dit le *Livre-Abrégé des Assises de Jérusalem*, quand
il raconte qu'avant d'instituer des greffes, le sieur d'Arsur
a convoqué la Haute Cour et la cour des bourgeois d'Acre (1).
C'est ce que dit plus clairement encore la Déclaration de
1369 qui nous parle des assises et usages du royaume qui
furent « ordonnées et establies par Godefroy de Bouillon
premier roi de Jérusalem et les homes liges et *jurés* et
les autres homes liges qui après li ont esté » (2).

L'intervention des magistrats bourgeois à côté des liges
paraîtra très étrange, inexplicable même, si on voit en
eux des législateurs exerçant une prérogative de façon
constante et régulière ; elle semblera au contraire toute
naturelle si on considère ces magistrats comme des conseillers (des sages homes) que le roi convoquait de temps
en temps avec ses hommes pour les aider et les éclairer sur
des questions importantes ou mal connues.

*Les personnages qui pouvaient se joindre aux nobles et
aux bourgeois.* — Les rois appelaient d'habitude pour faire
les assises le patriarche de Jérusalem, le vicomte de Jérusalem, et « les plus sages homes qu'il pooient avoir chevaliers
et clers et lais (3) ».

Très souvent pendant les grands passages de croisés les
rois convoquaient à côté de leurs hommes en un nombreux
parlement les pèlerins d'occident pour les consulter sur
leurs coutumes nationales et établir d'après leurs avis des
assises nouvelles (4). C'est ainsi qu'une assise importante

<hr>

1. *Abrégé du Liv. des Ass. des Bourg.*, ch. 13, Beugnot, II, p. 246
2. Déclaration de 1369, Beugnot, I, p. 1.
3. Ibelin, ch. I, III, etc.
4. Jean d'Ibelin, ch. III.

sur la succession des femmes aux fiefs fut prise sur les conseils du comte de Sancerre (1).

Mais les sages hommes et probablement aussi les bourgeois n'intervenaient pas d'une façon constante et régulière ils n'étaient pas législateurs de droit, ni même de fait, on les consultait, mais ils ne concouraient pas à l'établissement proprement dit de l'assise. C'est ainsi que l'*Abrégé du Livre, des Assises des Bourgeois* (2) nous dit que le roi Henri II fit et ordonna une assise par *l'assent* et *l'otroi* de ces hommes liges, et par le *Conseil* des sages ». Philippe de Novare (3) prend soin également de nous dire que l'assise sur la succession des filles aux fiefs conseillée par le comte de Sancerre fut « prise par le roi et ses hommes ».

Si la fonction législative était un devoir des liges, elle était aussi pour eux un privilège (et sans doute un monopole). Il n'était rien que il ne « se peusse faire par le roi et par ses hommes » mais il n'était rien non plus qui se puisse faire sans les hommes. Au moment du sacre, le roi devait jurer de « tenir, maintenir et garder les assises » (4) et il ne pouvait en principe prendre sans ses hommes le moindre règlement (5). Quand, au xive siècle, les Lusignan s'efforcèrent de légiférer seuls, ils se heurtèrent à une vive résistance des bourgeois et des liges, et après un demi-siècle de lutte ils durent renoncer à leur prétention (6). Théoriquement l'assise, établie par le roi et les hommes, et l'usage, œuvre anonyme du temps, furent les sources uniques du droit hiérosolymite.

* *

Comment s'établissaient et se promulgaient les assises. — Nous ne savons pas par quelle procédure se faisaient les assises. Une assise du 15 mai 1350 « fut

1. Philippe de Novare, ch. 71, cf. Doc. rel. à la suc. au trône; Beugnot, II, p. 408.
2. *Abrégé du Livre des Ass. des Bourg.*, ch. 18; Beugnot, II, p. 249.
3. Philippe de Novare, ch. 71.
4. Ibelin, ch. 7.
5. *Livre des Assises des Bourg.*, ch. 303.
6. Cf. *ultra*.

ordonnée et jurée par le roi Hugues et ses hommes » (1), Il
est possible que toutes les assises aient été jurées de la
sorte, c'est peut-être ce serment même qui les créait et les
rendait applicables. Mais ce n'est là qu'une simple hypothèse, on ne pourrait échafauder une théorie sur un texte
unique et imprécis.

Rien ne nous renseigne non plus sur la promulgation
des assises. Au xii° siècle on en faisait une rédaction officielle qu'on déposait en une huche dans l'église du Saint-
Sépulcre (2). Cette pratique fut abandonnée après la chute
de Jérusalem, mais plus tard les greffiers semblent avoir
transcrit sur les livres de la cour les textes des assises et
des autres ordonnements (3).

Une assise établie en Chypre le 16 mai 1355 par le roi
Hugues IV fut l'objet d'un cri ou ban (4). Ce n'est probablement là qu'une application particulière d'une règle générale. Toutes les dispositions législatives paraissent avoir
été criées (5).

Certaines assises chypriotes n'étaient établies que pour
une période déterminée, cinq ans par exemple (6), et on
les renouvelait à l'expiration de ce délai. Nous possédons
le texte d'une assise qui nous est conservée par un premier manuscrit antérieur à 1316 (7) qui d'après un deuxième
manuscrit fut ordonnée et jurée par le roi Hugues IV et ses
hommes le 15 mai 1350 (8), et qui d'après un troisième fut
encore ordonnée par les mêmes le 16 mai 1355 (9).

1. La Thaumassière, ch. 310, p. 211, cf. Beugnot, II, p. 373, note 3.
2. Cf. *ultra*.
3. Kausler, p. 403 à 424, voir par exemp. ch. 351-352, rubrique, etc.
4. *Bans et ord.*, ch. 32. Beugnot, II, p. 377.
5. Au moins en Chypre et au début du xiv° siècle. Kausler, p. 403
à 424.
6. Cf. Kausler, ch. 382, p. 420, etc.
7. Le manuscrit de Munich ; sur la date de ce manuscrit, cf. *ultra*.
8. Le manuscrit maintenant perdu qui fut utilisé par Thaumas de
La Thaumassière, ch. 310, p. 211, cf. Beugnot, II, p. 373, note 3.
9. Le ms. de Venise, fr. 12206, fol. 362. Cf. Beugnot, II, p. 373.

II. — LES ESPÉCIAUS COUMANDEMENTS

Le conseil du roi et de ses hommes avait, nous venons
de le voir, le monopole législatif. Légiférer seul, c'était de
la part du roi un abus de pouvoir, presque un sacrilège.
C'était violer une sorte de loi fondamentale du royaume.
C'était aller contre le serment fait au sacre de garder les
Assises de Jérusalem (1-2).

Cependant au xive siècle en Chypre, les Lusignan se sont
sentis assez forts pour établir seuls des espèciaus coumandements. Entre 1301 et 1352, ils ont obligé le vicomte et
les jurés de la cour de Nicosie à jurer d'appliquer les bons
us et les bones coutumes du royaume de Jérusalem *sauve
des choses que le roi a fait ou fera espessiau coumandements*. C'était la reconnaissance par les bourgeois d'un
pouvoir législatif royal. De 1306 à 1310 il y eut des troubles
révolutionnaires en Chypre, mais en 1312 une assise fut
faite par le roi et ses *hommes* qui obligeait de nouveau les
bourgeois à jurer d'appliquer les bons us et les bones
coutumes de Jérusalem « sauve des choses et cas de qui
le Seignor vos a fait ou fera espéciau coumandement » (3).
Cette fois, c'était les liges qui reconnaissaient au roi le
droit de légiférer au moins en matière bourgeoise. Mais
les rois firent probablement aussi des espéciaus coumandements féodaux, puisqu'en 1369 (4) les vassaux révoltés
abolirent les « novelletés et plusieurs choses que au tems
passé se faisaient sans l'assent et l'otroi des hommes liges,
lesquels estoient encontre les assises et usages et auci au

1. Ibelin, ch. VII, Beugnot, I, p. 30.
2. Cf. 2ᵉ partie, 4ᵉ période.
3. Kausler, ch. 382, p. 420.
4. Déclar. de 1369. Beugnot, I, p. 1.

grant damage des *homes liges* et de la communauté dou peuple » (1).

Il est donc possible d'affirmer que les Lusignan ont légiféré seuls pendant la première moitié du xive siècle. Mais c'est à peu près à cela que se bornent nos connaissances. Les espéciaus coumandements furent abolis par les liges révoltés en 1369 et nous ne possédons de façon certaine le texte d'aucun d'eux. Une trentaine d'ordonnements royaux du xive siècle sont parvenus jusqu'à nous (2) ; mais toutes les dispositions législatives étaient alors prises au nom du roi, et aucun critérium ne nous permet d'affirmer que telle d'entre elles ait été un espécial coumandement.

Il se peut aussi que le roi ait parfois légiféré avec quelques liges dévoués et que certaines dispositions prises en forme d'assises ne soient en réalité que des commandements royaux.

Il est donc impossible de déterminer le nombre et l'importance des espéciaus coumandements et de savoir jusqu'à quel point ils ont modifié le droit traditionnel.

1. Beugnot, II, p. 357 à 380. Kausler, p. 403 à la fin.
2. Même les assises étaient prises au nom du roi sous forme d'ordonnements royaux (cf. par ex. Kausler, ch. 382) ; même des remèdes (Beugnot, II, p. 378).

III. — LES REMÈDES

Aux abus d'autorité que sont les espéciaus coumandements des rois, les hommes ont répondu par les remèdes. Ce sont des déclarations de principes, ou des mesures de circonstances prises par la communauté des liges pour résister à l'absolutisme royal. Ils ont pu avoir une très grande influence sur l'évolution du droit, mais ils n'en sont pas à proprement parler un des éléments constitutifs réguliers. Nous possédons le texte de trois remèdes (1), tous trois de la première moitié du xive siècle. Deux d'entre eux ont été faits par les hommes sans le roi (2) ; le troisième est également l'œuvre des hommes, mais il fut souscrit par le roi (3).

1. Remède de juin 1310. Bans et Ordon., ch. 25, Beugnot, II, p. 368. Remède du 16 juin 1362, *ibid.*, ch. 33, p. 372. Déclaration de 1369, Beugnot, I, p. 1.

2. Remède du 16 juin 1362. Déclaration de 1369.

3. Remède de juin 1310 qui est une sorte de contrat passé entre le roi et la communauté des liges.

IV. — LES ORDONNEMENTS DE COUR

Les ordonnements de la cour du vescomte édités par
Kausler et qui sont extraits du livre de la cour du vicomte
de Nicosie nous apprennent que ce tribunal faisait des
ordonnements.

« Le verredy a XV jors dou mois d'août l'an de CCCI de
Crist visconte Sire Hue Pistiau l'on fist attachier à ce livre
aucuns ordonnemens que la cort a fait et que l'on a trové
as livres de la cort (1). »

Les quelques ordonnements que nous possédons sont
tous des règlements de police commerciale (2). Tous furent
promulgués par ban (3).

Il est très probable que ces ordonnements n'étaient
applicables que dans le ressort de la cour de Nicosie.
Mais il se peut fort bien que les autres cours bourgeoises
de Chypre aient également fait des ordonnements (4).

Nous ne connaissons ni les fondements ni les limites de
ces pouvoirs législatifs des cours.

Ces ordonnements n'étaient probablement pas très importants, cependant leur seule existence suffit à prouver que
ces tribunaux avaient une réelle indépendance ; elle permet de supposer que leur jurisprudence était assez créatrice et pouvait différer d'une cour à l'autre.

1. Kausler, ch. 369, p. 413.
2. Kausler, ch. 369, 373 et 380.
3. *Ibid.*
4. Les autres cours cependant étaient présidées non par des
vicomtes, mais par des officiers de rang inférieur.

V. — LES BONS US ET LES BONES COUTUMES

A côté des divers ordonnements et des assises, il y avait les us et coutumes parmi lesquels il faut distinguer deux espèces bien différentes :

« Les bons us et les bones coutumes. »

Les simples usages.

Au chapitre 7 de son livre, Philippe de Novare nous dit que « les assises, les bons us et les bones coutumes, c'est assaveir aucuns us de grande auctorité », étaient en garde au Saint-Sépulcre (1). Et il ajoute que « les us et coutumes qui là étaient écrites, furent faites par grant esgart », parce qu'il arrivait souvent lors des croisades où il « y avait grant planté de sages homes, que par le roi et le patriarche et par les preudomes de passage et par les homes de la Seignorie faisait-on assises et us et coutumes nouvelles ».

Voilà donc des us et coutumes qui étaient rédigés comme les assises et qui cependant ne se confondaient pas avec elles. Remarquons cette phrase : « Les assises, bons us et bones coutumes c'est assaveir aucuns us de grant auctorité ». Philippe de Novare a dans l'esprit trois choses distinctes : d'abord les assises qui toutes étaient au Saint-Sépulcre, et puis ensuite les usages parmi lesquels certains, ceux de grande autorité, étaient en garde au Saint-Sépulcre,

---

1. Sur les lettres du Saint-Sépulcre, cf. *ultra,* disons tout de suite que le Code ou prétendu Code de Godefroy de Bouillon et les Lettres du Saint-Sépulcre sont deux choses distinctes que les auteurs ont confondues à tort. Si l'existence d'un Code de Godefroy de Bouillon est très contestable, il est certain qu'il a existé des lettres du Saint-Sépulcre, c'est-à-dire une série de chartes contenant chacune le texte d'une assise ou d'un point de coutume particulier. Ces chartes ont été perdues lors de la prise de Jérusalem par Saladin en 1187. Je crois à l'absolue véracité de ce récit de Philippe de Novare, ch. 67.

cependant que d'autres, ceux de moindre autorité, n'y étaient pas (1).

Si Philippe de Novare nous apprend que les bons us et bonnes coutumes étaient rédigés comme les assises et que cependant ils s'en distinguaient, il ne nous dit pas par quoi ils s'en distinguaient. Aucun texte ne nous l'apprend et nous sommes réduits ici aux hypothèses. Il est probable que l'assise différait du bon us par son objet. L'établissement d'une assise devait avoir pour but de créer du droit nouveau. Toutes les fois que les vieux auteurs parlent de l'origine d'une assise, ils la représentent comme une innovation. Les bons us et les bonnes coutumes au contraire existaient peut-être avant leur rédaction qui devait se borner à fixer dans une formule un état de droit antérieur, à préciser un point de coutume. Au moment du sacre les rois de Jérusalem juraient de mener « toz le peuple crestien dou dit roiaume selon les coutumes anciennes et aprovéés de ce meisme royaume et selon les assises des devant dit rois(2) ».

Ces coutumes approuvées et les bons us et bonnes coutumes rédigés ne seraient-ils pas une seule et même chose ? C'est assez vraisemblable. Mais ce n'est que vraisemblable ; il est impossible d'arriver sur ce point à une certitude. En 1187 les lettres du Saint-Sépulcre furent perdues et on cessa de rédiger officiellement le droit. Assises,

1. Au chapitre 48, Philippe de Novare affirme encore la distinction de l'assise et de l'usage. Depuis la perte des lettres du Saint-Sépulcre, dit-il, on est souvent embarrassé pour prouver le droit, mais on doit observer tout droit prouvé « seit assise ou usage, car aussi bien l'on a juré les us comme les assises ». Un peu plus loin, il répète encore : « Nous avons juré de tenir les assises et les bons us du royaume de Jérusalem. » Au chapitre XIV, il distingue également l'us et l'assise de la pratique jurisprudentielle : « Une autre manière de bataille y a en laquelle n'a us ni assise; mais de la volonté des deux parties et par l'otroi du seigneur a plu sors féis este tele bataille. »

2. Ibelin, ch. 7. Voici le texte complet de cette partie du serment : « Les privilèges des béneurés reis mes devanciers et les assixes dou royaume et dou rei Amaury et dou rei Baudoyn son fiz et les anciennes coutumes et assises dou reiaume de Jérusalem garderez ; et tot le peuple crestien dou dit royaume selonc les costumes anciennes et *approvées* de ce meisme roiaume et selon les assises des devant dis rois en lor dreis et en lors justices garderai ».

bons us, simples usages, se sont confondus en une coutume unique orale et traditionnelle. Bientôt la législation ne comprendra plus que deux éléments : l'ensemble du vieux droit de Jérusalem, et quelques assises nouvelles (1).

1. A la fin du xiiie siècles la clef des Assises dira : « assise est toute chose que l'on a vu user et accoustumer et délivrer en cour du royaume de Jérusalem et de Chypre » (ch. 41).

VI. — LES SIMPLES USAGES

A côté des bon us, il y avait des usages de moindre autorité, des coutumes orales et traditionnelles assez peu différentes sans doute de l'usage moderne.

Etaient-elles absolument les mêmes dans toute l'étendue du royaume de Jérusalem (1)? Comme l'appel n'existait pas, il est possible que certaines cours aient eu quelques usages particuliers ou quelques différences de juriprudence ; mais aucune charte ne mentionne de façon certaine des coutumes locales (2) ; tous nos livres supposent un droit uniforme (3).

L'importance respective de l'usage anonyme et du droit ordonné par une autorité législative paraît avoir beaucoup varié. Au xiie siècle et jusqu'à la perte des lettres du Saint-Sépulcre(4), le simple usage devait être assez peu de chose. Les assises étaient nombreuses et importantes ; les rois et leurs hommes les développaient et perfectionnaient sans cesse ; pour Philippe de Novare et les autres juristes la perte des lettres du Saint-Sépulcre c'était la perte de l'ensemble des droits hiérosolymite (5).

1. Je ne parle bien entendu pas des principautés indépendantes de Tripoli, d'Antioche et d'Edesse qui ont eu des coutumes propres.

2. Si Beugnot et les auteurs postérieurs ont cru à l'existence de coutumes particulières c'est parce qu'ils ont traduit le mot *consuetudo* par coutume alors qu'ils auraient pu, qu'ils auraient dû même je crois, le traduire par redevance. Les chartes où, à ma connaissance, se trouve le mot *consuetudo* suivi d'un nom de pays sont analysées par Röhricht, *Regresta regni hierosolymitain* sous les mss 594, 457, 344, 346.

3. Cf. *ultra*, 2ᵉ partie, 2ᵉ période.

4. Sur la question des lettres du Saint-Sépulcre cf. *ultra*, 2ᵉ partie, 2ᵉ période.

5. Cf. 2ᵉ partie, 2ᵉ période.

Tout autre sera la situation après la perte de ces lettres. Désormais tout le droit sera oral et traditionnel et les anciennes assises constitueront toujours le fond du droit mais leur caractère sera profondément modifié; ils ne seront plus en réalité que de simples usages : « on entend que celui qui dit que ce est assise veut dire que les assises sont tenues et provées par usage », dira Philippe de Novare au milieu du 13ᵉ siècle (1). Un peu plus tard, à la fin de xiiiᵉ siècle, le mot assise aura perdu son véritable sens. On entendra sous ce vocable : « tout ce que l'on à veu user et acoustumer et délivré à la cour du royaume et de Jérusalem et de Chypre » (1).

A la fin du xiiiᵉ siècle presque tout le droit hierosolymite est devenu un simple usage.

Ce droit coutumier fut, comme tous les droits coutumiers, extrêmement difficile à établir et à prouver (2). On pouvait recourir aux précédents judiciaires ou aux consultations de cour à cour ; mais de tous les moyens de preuve le plus facile et le plus sûr c'était les livres des jurisconsultes. Et c'est cela qui explique l'importance capitale prise par nos livres des assises de Jérusalem.

1. Philippe de Novare, p. 48.
2. Clef d'assises ch. 41 ; Beugnot, I, p. 582.

VII. — LES LIVRES DES JURISTES

En principe les livres des juristes ne constituent pas un des éléments de la législation hiérosolymite.

Mais en fait ils ont été tant consultés, si vénérés, qu'ils sont devenus non pas seulement la preuve ordinaire, mais encore la source principale du droit. Le livre de Jean d'Ibelin prit une telle autorité qu'au xive siècle il fut l'objet d'une rédaction officielle. En 1531, la république de Venise ordonna de traduire le livre de Jean d'Ibelin, le livre des assises des bourgeois et le livre du pléédeant.

Ces traités très précieux pour les praticiens du moyen âge sont plus précieux encore pour l'historien moderne. C'est par eux que nous pouvons connaître l'histoire du droit des royaumes de Jérusalem et de Chypre.

Les livres parvenus jusqu'à nous sont au nombre de huit.

Ce sont :

Le livre au roi ;
Le livre des assises des bourgeois ;
Le livre de Philippe de Novare ;
Le livre de Jean d'Ibelin ;
Le livre de Jacques d'Ibelin ;
Le livre de Geoffroy le Tort ;
La clef des assises ;
Les livres du plédeant et du plaidoyer (1).

1. Que Beugnot dénomme Abrégé du livre des Assises des bourgeois.

BUT ET PLAN DE CETTE ÉTUDE

Ces livres des assises de Jérusalem si importants pour l'histoire du droit latin, si couramment utilisés par les auteurs sont cependant mal connus.

Vers 1840 le comte Beugnot en a donné une édition assez complète, mais peu critique. Depuis cette époque personne ne les a plus étudiés en eux-mêmes et pour eux-mêmes.

Il ne serait peut-être pas inutile de rechercher d'abord ce que sont, puis ensuite ce que valent ces livres.

Pour savoir ce que sont ces livres, il faut :

D'abord connaître les manuscrits qui nous les ont conservés.

Puis par la comparaison de ces manuscrits établir le texte du livre.

Enfin fixer sa date.

Pour savoir ce que valent ces livres, il faut :

D'abord et surout les situer dans leur milieu historique, et par conséquent connaître dans ses grandes lignes l'évolution du droit latin.

Ensuite déterminer autant que possible la personnalité et les tendances de chaque auteur.

Enfin indiquer la valeur du livre: sa valeur intrinsèque, sa valeur pratique pour les justiciables d'autrefois, sa valeur documentaire pour l'historien moderne.

Voici donc quel sera le plan de cette étude :

PREMIÈRE PARTIE

Ce que sont les livres des assises

Cette première partie sera subdivisée en deux sections :

Première section. — Une énumération générale des manuscrits.

Deuxième section. — Une série de chapitres spéciaux à chacun des huit livres des assises de Jérusalem dans lesquels on recherchera deux choses :

I. L'établissement du texte du livre, c'est-à-dire :

Classement des manuscrits ;

Comparaison des différentes leçons ;

Valeur du texte conservé ;

Indication et critique des éditions.

II. Datation du livre.

DEUXIÈME PARTIE

Ce que valent les « Livres des Assises »

Pour mieux situer les *Livres des Assises* dans leur milieu historique, cette deuxième partie sera divisée d'après l'ordre chronologique en cinq chapitres correspondant aux cinq périodes qu'on peut distinguer dans l'évolution juridique de l'Orient Latin.

Chacun de ces cinq chapitres comprendra :

1° Un aperçu sommaire sur l'histoire du droit de la période ;

2° L'indication du ou des livres parus au cours de cette période ;

3° Des renseignements sur la personnalité et les tendances de l'auteur ou des auteurs ;

4° Une appréciation sur la valeur intrinsèque du livre, sur l'autorité pratique dont il a pu jouir, sur son intérêt documentaire ;

5° L'indication des traités qui, sans avoir parus pendant cette période, renseignent cependant sur elle.

PREMIÈRE PARTIE

CE QUE SONT LES LIVRES DES ASSISES

PREMIÈRE SECTION

ÉNUMÉRATION GÉNÉRALE DES MANUSCRITS

Les *Livres des Assises de Jérusalem* ont été conservés par un grand nombre de manuscrits.

Je ne décrirai ici que ceux qui se trouvent à Paris et, à cause de son importance particulière, le Cod. Gall. 51 de de la bibliothèque de Munich (1).

Ces divers manuscrits peuvent être répartis en trois catégories :

a) Les manuscrits généraux.

b) Ceux qui contiennent uniquement ou presque uniquement le *Livre des Assises des bourgeois*.

c) Ceux qui contiennent uniquement ou presque uniquement le livre de Jean d'Ibelin.

A. — LES MANUSCRITS GÉNÉRAUX

Ces manuscrits sont au nombre de trois ; ce sont les :

Fr. 12206 ;

Fr. 19026 ;

Italien 29.

Le Fr. 12206 est une copie figurée d'un manuscrit célèbre de la bibliothèque de Venise.

Ce manuscrit a d'abord appartenu à Jean de Nores. Il est

---

1. Il n'existe du reste pas de ms. importants en dehors de ceux qui se trouvent à Paris soit en original, soit en copie figurée.

un des quatre codex qui, parmi beaucoup d'autres, ont
été choisis au xvi⁰ siècle par les commissaires vénitiens
pour servir de base à une traduction officielle du livre de
Jean d'Ibelin et du livre du pléédeant (1). Aussi les érudits
du xviii⁰ siècle et Beugnot ont-ils attaché à ce ms. une
importance toute particulière. Il y a là, semble-t-il, une
erreur. Cette traduction officielle de 1531 n'a pas, on le
verra, un grand intérêt documentaire ; et cette valeur
serait-elle considérable, le manuscrit de Venise n'en aurait
pas pour cela plus d'importance, puisque nous possédons
le texte de cette traduction elle-même. De plus le choix en
1531 par les commissaires vénitiens du manuscrit d'un
œuvre du xiii⁰ siècle ne saurait en aucune façon s'imposer
à la critique moderne. Enfin ces commissaires vénitiens
n'ont nullement cherché à faire œuvre d'érudition. Ils
étaient chargés d'une mission législative. Pour eux les
manuscrits les meilleurs n'étaient pas les plus voisins
de la leçon originale, c'étaient les plus complets et les plus
clairs. Il n'y a donc aucune espèce de raison pour atta-
cher à ce codex une importance particulière.

En 1789, à la prière d'Agier (2), le gouvernement de
Louis XVI demanda communication du manuscrit à la
bibliothèque Saint-Marc de Venise. Celle-ci fit exécuter
sous la direction de Morreli (3) la copie figurée qui se
trouve maintenant à la Bibliothèque Nationale sous le
n⁰ fr. 12206 (4).

Cette copie est un codex de 365 folios reliés en marocain

1. Au F· 279 sous la première page du texte du livre du pléédeant on lit dans le ms. fr. 12206 cette note : Questo volume d'assise pladeante de la corte dl viscontado del regno de Cypro e uno ne
li quatro éleiti per noi deputati scontrato et trovato conforme agli
altri tre. Le 11 junii 1531, on trouve une note semblable au F· 11 sous
la première page du texte de Jean d'Ibelin.

2. Qui croyait à l'importance exceptionnelle du manuscrit de
Venise.

3. Cette copie fut exécutée avec le plus grand soin. Canciani, qu i
avait vu faire le travail, écrivait le 24 juin 1789 : « Non credo posse
ideari copia megliore imperroche elle et il vero retratto dell' originale. »

4. Ce manuscrit perdu au moment de la Révolution est rentré à la
Bibliothèque du Roi en 1828.

rouge et portant sur les plats les armes de Venise. Il a
24 centimètres de largeur sur 35 de longueur et 4 cm. 1/2
d'épaisseur. Les folios sont en papier, l'écriture semble
appartenir au milieu du xiv⁰ siècle.

Ce codex contient :

Folio 2, mention indiquant qu'il est un des volumes choisis par les commissaires vénitiens.

Fol. 3 à 11, table des rubriques du livre de Jean d'Ibelin en 263 chapitres.

Fol. 11 à 174, livre de Jean d'Ibelin.

Fol. 174 à 177, un chapitre isolé de Jean d'Ibelin (1).

Fol. 177, une table des matières (2).

Fol. 177 à 182, extraits du livre de Geoffroy le Tort.

Fol. 183 à 190, livre de Jacques d'Ibelin.

Fol. 191 à 197, extraits du livre des lignages d'outre-
mer.

Fol. 197 à 200, texte relatif au duel judiciaire.

Fol. 200 à 204, plaidoieries de Jacques d'Ibelin sur le
service militaire.

Fol. 205 à 260, livre de forme de plait de Philippe de
Novare.

Fol. 261 à 278, Clef des Assises.

Fol. 279 à 315, livre du Plédééant.

Fol. 315 à 339, livre du plaidoyer.

Fol. 339 (recto) à 357, livre du plaidoyer ou pièces
diverses (3).

Fol. 358 à 361, formules.

Fol. 362 à 375, assises rendues le 16 mai 1555 (4).

Le Fr. 19026, ancien Saint-Germain fr. 130, le ms. B
de Beugnot, est un codex de 277 folios. Il paraît dater
comme le précédent du milieu du xiv⁰ siècle.

1. Il a été édité par Beugnot, t. II, p. 397 et suiv.
2. Cette table d'une écriture différente doit être l'œuvre d'un lecteur, elle n'a aucun intérêt.
3. Voir plus loin p.
4. Il convient de remarquer que les folios 362 à 375 sont d'une
écriture différente et plus serrée ; cependant on trouve, au folio 375,
cette note : « Cest livre est de Jehan de Nore filz Badyn le Marsal de
Jérusalem », tout à fait semblable à celle qui se trouve au folio 1
du manuscrit : Joannis Denores comitis Tripolis.

Il contient :

Fol. 1 à 16, les 73 premiers chapitres du *Livre des Assises des Bourgeois*.

Fol. 17 à 32, les rubriques de tout ce que contient le manuscrit en dehors du *Livre des Assises des Bourgeois* et après lui, c'est-à-dire :

Fol. 17 à 28, rub. 1 à 284, livre de Jean d'Ibelin.

Fol. 17 à 28, rub. 284 à 301, extrait du livre des lignages d'outre-mer.

Fol. 28, la rubrique 302 annonce le livre de Jacques d'Ibelin.

Fol. 28 et 29, rub. 1 à 19, livre de Geoffroy le Tort.

Fol. 29 et 30, rub. 1 à 53, livre de Philippe de Novare.

Fol. 31 et 32, rub. 1 à 31, livre au Roi.

Fol. 33 à 221, livre de Jean d'Ibelin et extrait des familles d'outre-mer.

Fol. 221 à 230, livre de Jacques d'Ibelin.

Fol. 230 à 235, livre de Geoffroy le Tort.

Fol. 235 à 264, livre de Philippe de Novare.

Fol. 265 à 276, livre au Roi.

Tous ces livres sont complets, sauf le *Livre des Assises des Bourgeois* (1).

Ms. italien 28. — C'est un codex relié en veau de 30 centimètres de longueur et de 26 centimètres de largeur sur 4 centimètres d'épaisseur. Il contient 167 feuillets en papier. L'écriture est une belle italique du XVIe siècle.

Il contient :

Fol. 1 à 8, les rubriques du livre de Jean d'Ibelin au nombre de 273.

Fol. 9 à 11, les textes des délibérations prises à l'occasion de la traduction vénitienne de 1531 :

Ordre du Doge de faire la traduction.

---

1. La présence au début du codex, avant la table générale des matières des 73 premiers chapitres du *Livre des Assises des Bourgeois*, paraît un peu surprenante. L'écriture est cependant a même que dans le reste du manuscrit. On retrouve dans ces chapitres la même tendance du copiste à clarifier et à abréger le texte. Il n'y a donc aucune raison pour croire que ces premiers folios n'appartiennent pas au codex primitif.

Choix des délégués.

Ordre des délégués d'apporter les livres existant en Chypre..

Choix des livres et des manuscrits.

Acte de réception du travail.

Fol. 12 à 149, livre de Jean d'Ibelin.

Fol. 150 à 157, Jacques d'Ibelin (62 chapitres).

Fol. 158 à 162, Geoffroy le Tort (63 chapitres).

Fol. 163 à 167, plaidoiries de Jacques d'Ibelin relatives au service militaire des liges.

B. — Les manuscrits qui contiennent uniquement ou presque uniquement le « Livre des Assises des Bourgeois »

Ces manuscrits sont au nombre de six. Ce sont :

Le Fr. 12207.

Le Ms. italien 29.

Le Cod Gall. 51 de Munich.

Le Ms. Grec anc. Fs 1390.

Le Ms. Grec supp. 465.

Le Ms. Grec dit de Maxima Laura.

Fr. 12207. — Le français 12207 est comme le Fr. 12206 une copie d'un manuscrit de Venise. Cette copie a été faite exactement dans les mêmes conditions et le manuscrit qu'elle reproduit a également appartenu à Jean de Nores, Il a été, lui aussi, un des quatre manuscrits choisis en 1531 pour servir de base à la traduction italienne du *Livre des Assises des Bourgeois,* puis déposé au conseil des Dix.

Mais tandis que le Fr. 12206 qui paraît appartenir au début du XIVe siècle n'est pas daté, le Fr. 12207 est signé et daté. Il a été écrit par Perrin Hémy au douzième jour de mai 1436.

C'est un codex de 101 pages de papier relié en marocain rouge et portant sur les plats les armes de Venise ; il a 32 centimètres de hauteur sur 22 centimètres de largeur et 2 centimètres d'épaisseur.

Les folios 1 à 10 contiennent les rubriques du *Livre*

des Assises des Bourgeois, les folios 13 à 99 contiennent le livre lui-même. On trouve au folio 13 une mention des commissaires de Venise disant que le manuscrit est un des quatre choisis pour servir de base à la traduction italienne du *Livre des Assises des Bourgeois*.

Le Ms. italien 29. — C'est un codex relié en veau de 25 centimètres de largeur, 30 centimètres de hauteur et 2 cm. 1/2 d'épaisseur. Il contient 92 folios en papier couverts d'une belle italique du XVIe siècle ; il est très semblable au ms. italien 29, et appartient peut-être au même scribe. Il contient le *Livre des Assises des Bourgeois* et le livre du Plédéant.

On y trouve :

Fol. 1 à 5, les rubriques au nombre de 265 plus le prologue.

Fol. 8 à 10, les textes des délibérations prises à l'occasion de la traduction vénitienne de 1531 (1).

Fol. 11 à 55, le *Livre des Assises des Bourgeois* en 265 chapitres.

Fol. 58 à 40, les rubriques du Plédéant.

Fol. 59 à 82, le livre du Plédéant lui-même.

Ce codex n'est certainement pas un original, puisqu'on n'y trouve pas les signatures des commissaires venitiens, mais il doit être une reproduction absolument textuelle de la traduction de 1531.

Le Cod Gall. 51 de Munich.

Ce manuscrit est à la bibliothèque de Munich. Il n'en existe pas de reproduction à Paris. Mais il a été édité de façon très exacte et très complète par Kausler (2) et il a

1. Beugnot confond sous la dénomination unique de manuscrit de Venise, le manuscrit général Fr. 12206 décrit précédemment et le Fr. 12207 qui ne contient que le *Livre des Assises des Bourgeois*. Ce sont cependant deux codex absolument distincts.

1. C'est la reproduction textuelle des délibérations contenues au manuscrit italien 28.

2. Foucher qui eut de violentes polémiques avec Kausler reconnaît à plusieurs reprises la parfaite conformité de l'édition avec le manuscrit (Foucher, 1re partie, p. XX-XXI).

été minutieusement décrit par Zeller (1). Il est donc possible de s'en faire une idée assez précise.

C'est un volume in-4° de 206 pages en papier écrites sur deux colonnes. Il est haut de 27 centimètres, large de 18 cm. 1/2, épais de 5. Il contient en tout 383 chapitres.

On distingue dans ce manuscrit les parties suivantes :

1° Les titres et tables des matières, pages 1 à 15.

2° Les assises de la Baisse Court qui forment les chapitres 1 à 294, pages 16 à 156.

3° Le Livre au Roi qui va du chapitre 295 à 347, pages 156 à 192.

4° Les règles de la bataille pour meurtre qui constituent le chapitre 348 page 192 à 195.

5° Les ordonnements du vicomte qui terminent le livre chapitre 349 à 383, page 196 à 206.

Le ms. de Munich n'a pas été écrit d'un seul jet. Zeller croit y reconnaître deux plumes différentes. La première a fait la table des matières, la deuxième le livre lui-même. La différence entre les deux écritures apparaît très nettement dans les deux reproductions publiées par Zeller en tête de son opuscule. Le livre lui-même est en assez vilaine cursive du XIIIᵉ-XIVᵉ siècle. La table des matières est d'une écriture plus récente et plus soignée. Le manuscrit n'est pas daté, mais il est cependant possible de déterminer l'époque de sa composition. Les ordonnements royaux qui terminent le livre sont presque tous datés. Le plus récent fut donné le 13 mai 1315 (2), et nous avons le texte d'un autre ordonnement « qui se doit commencé de l'entrant de mars l'an de CCCXII de Crist et doit durer par tout février l'an de CCXVI de Crist » (3). Il est infiniment probable que le copiste n'aurait pas reproduit un ordonnement qui n'aurait plus été en vigueur. On peut donc supposer que le manuscrit a été écrit entre le 13 mai 1315 et le premier mars 1317 (style moderne).

Ces ordonnements nous fournissent un autre renseigne-

1. Zeller. *Die Assisen von Jerusalem nach der Handschrift München Cod Gall.*, n° 51, Berlin, 1910.
2. Kausler, ch. CCCLXXXI, p. 419.
3. Kausler, ch. CCCLXXXII, p. 420.

ment : ils nous permettent de deviner qui a écrit le manuscrit.

A chapitre 276, nous trouvons cette rubrique : « Vendredi a XVII Jors de Juing l'an de CCCV de Crist Visconte Sire Johan de Bay aporta cest escrit desous devise de par le roi et comanda de faire crier le banc et fu, de par le coumandement du roi. »

Ce passage ferait déjà penser que le scripteur a vu le vicomte apporter l'écrit à la Cour.

Beaucoup plus précises sont les rubriques des deux chapitres suivants :

Samedy a XXI Jor. d'Aoust l'an de CCCV de Crist Visconte Sire Johan de Bai *me* dona l'escrit de ce banc desous devise de par le roi qui comanda de fairé le crier, et fut crié a XVIII jors dou dit mois (1).

La rubrique du chapitre CCCLXXVIII est tout aussi précise :

Le samedy a XX jors dou mois de novembre l'an de CCCV de Christ *me* donna le Visconte le banc desous escrit a faire le crier et fu crié le dimanche a XXI jor.

Un copiste n'aurait probablement pas maintenu cette forme personnelle : « me donna ».

Le personnage qui a écrit ces lignes est très probablement celui-là même qui a reçu des mains du vicomte les écrits du roi et qui les a fait crier. Et s'il n'en était pas ainsi, si le ms. de Munich n'était pas un original, il serait dans tous les cas une véritable réplique de cet original.

Un homme qui en 1305 reçoit des mains du vicomte les écrits du roi et qui les fait crier est évidemment un officier de la cour du vicomte de Nicosie (2), mais quel officier ? Ce n'était évidemment pas un juré ni un mathesep (chef de la police), ni un simple bannier puisqu'il *faisait* crier les ordres du roi. De tous les membres de la cour du vicomte dont parle l'*Abrégé du Livre des Assises des Bourgeois* (3),

1. Kausler, ch. CCCLXXVIII, p. 417.
2. De Nicosie car au xiv° siècle la Syrie était perdue et en Chypre Nicosie seule avait une Cour du vicomte, toutes les autres cours bourgeoises étaient présidées par des baillis ou des capitaines.
3. *Ab. du l. d. ass. d. b.*, I° p., ch. II à XIII ; Beugnot, II, p. 236 à 246.

un seul paraît avoir pu à la fois recevoir les écrits du roi et ordonner qu'on les crie : c'est l'écrivain (le greffier) (1).

Cette hypothèse est d'autant plus vraisemblable que notre copiste paraît roproduire textuellement les livres de la cour, livres qu'écrivait le greffier et qui devaient rester secrets et enfermés dans une huché (2).

Le vendredi a XV jors dou mois d'aoust l'an de CCCI de Crist visconte Hue Pistiau l'on fist atachier a *ce* livre aucuns autres ordonemens que la cort a fait et que l'on a trouve as livres de la cort » (3).

Et le chapitre suivant parle encore d'un ordonnement « que l'on a trové en la cort (4) ».

Au chapitre 362 on lit cette rubrique :

« Ce est la manière dou sairement que le vesconte doit faire quant il entre en l'ofice dou visconte selonc ce que Maistre André L'Escrivain le porta dou livre de la cort. »

Ce maistre André l'Escrivain ne serait-il pas l'auteur du manuscrit ? Il est permis de se le demander ; d'autant plus permis que le chapitre 352 est le premier des « Ordonnements de la Court du Visconte » (5). Il serait cependant téméraire de l'affirmer.

Retenons seulement ceci : le ms. de Munich fut composé au début du xive siècle entre 1315 et 1317 ; et il fut très probablement composé par un greffier de la cour de Nicosie, c'est-à-dire par un homme admirablement placé pour choisir du *Livre des Assises des Bourgeois* la leçon la meilleure. Pour cet écrivain du reste, la leçon la meilleure n'est peut-être pas la plus voisine de l'originale ; ce peut être la plus conforme à la pratique de son temps. Néanmoins il est intéressant de noter que, si au xvie siècle, la leçon de Venise (Fr. 12207) a été préférée par les commissaires vénitiens, au xive siècle celle de Munich fut adoptée par un officier de la cour de Nicosie.

1. Voir sous le ms. ital. 29 le chapitre 40 du Plédéant qui contient des détails sur le greffier.
2. *Livre du pledeant*, ch. 19 ; Beugnot, t. II, p. 250.
3. Kausler, ch. 369, p. 413.
4. *Ibid.*, ch. 370, p. 413.
5. Le ch. précédent n'est qu'un simple titre.

Les manuscrits grecs. — Les trois manuscrits grecs ne sont pas très importants. Ce ne sont que des traductions et même des traductions incomplètes. Les derniers chapitres (244 et suivants de Beugnot) ne s'y trouvent pas, et seul le ms. supp. grec 465 donne un très court chapitre qui n'existe pas dans les manuscrits français.

Le manuscrit de la Bibliothèque Nationale grec 1390 est un petit in-4° de 210 feuillets numérotés. Le *Livre des Assises des Bourgeois* en 298 chapitres remplit les 209 premiers feuillets. Le codex est terminé par une souscription du copiste Antoine Syacriticos qui date son œuvre du dernier jour d'octobre 1469. L'écriture est très laide et de plus la langue est presque inintelligible. C'est un dialecte chypriote mêlé de mots italiens hellénisés que les spécialistes eux-mêmes comprennent difficilement. Ce manuscrit a été édité par Sathas dans sa *Bibliotheca græca mœdii œvi*, t. VI, page 249 à 497.

Le ms. supp. grec 465 contient uniquement la traduction du *Livre des Assises des Bourgeois* en 297 chapitres. Il n'est pas signé, mais il est daté du 11 février 1512. Il a également été édité par Sathas dans sa *Bibliotheca græca mœdii œvi*, t. VI, pages 3 à 247. Sathas croit la leçon de ce ms. plus ancienne et plus voisine de l'original que celle du précédent.

Le troisième ms. grec connu est au mont Athos, mais les 61 premiers chapitres en ont été publiés par Zachariæ de Ligenthal en appendice de sa *Delineatio juris græco romani* (1). Ce ms. comme le précédent se compose de 297 chapitres et comme lui il date du 11 février 1512. Il ne semble pas cependant se confondre avec lui.

Les difficultés de lecture et ma très regrettable ignorance du grec médiéval m'ont empêché de me livrer à une étude personnelle. Mais tous les critiques sont d'accord pour reconnaître que, si les manuscrits grecs ne se confondent pas entre eux, du moins ils se ressemblent extrêmement, et que tous trois dérivent du Cod. Gall. 51 de Munich.

1. Page 139 et suivantes.

C. — LES MANUSCRITS QUI CONTIENNENT UNIQUEMENT OU PRESQUE UNIQUEMENT LE LIVRE DE JEAN D'IBELIN

Ces manuscrits peuvent être divisés en deux classes :

L'une de ces classes est formée par le seul fr. 19025 qui contient uniquement le livre de Jean d'Ibelin.

L'autre est formée par une série de 4 manuscrits qui contiennent :

1° Le procès-verbal de la séance du 16 janvier 1369, dans laquelle la communauté des liges de Chypre a ordonné de faire une rédaction officielle du livre de Jean d'Ibelin ;

2° La table des matières ;

3° Le livre de Jean d'Ibelin ;

4° Le livre complet des lignages d'outre-mer.

Première classe. — Fr. 19025, ancien Saint-Germain fr. 426 (le ms. Ç de Beugnot). C'est un codex de 224 folios. Il paraît dater de la fin du XIIIe siècle. Il contient uniquement le livre de Jean d'Ibelin. Ce livre est rubriqué, mais il n'est pas numéroté. Il commence par le chapitre I de Beugnot et finit avec son chapitre 272 (1). Il ne contient pas la Déclaration de 1369.

Deuxième classe. — Les ms. de cette deuxième classe sont au nombre de quatre.

Ce sont :

Dupuy 652.

Fr. 1077.

Fr. 1078.

Sainte Geneviève L. 370.

A cette liste on pourrait ajouter l'édition Thaumas de la Thaumassière qui reproduit un manuscrit du même type maintenant perdu (2).

---

1. Du reste le chapitre 273 et dernier de Beugnot ne fait certainement pas partie du livre de Jean d'Ibelin ; c'est en réalité le premier chapitre du livre des lignages d'outre-mer. Cf. ch. 285 du fr. 19026.

2. Je ne parle ici que des seuls manuscrits existant à Paris, je ne parlerai ni du ms. 24 de la bibliothèque de Troyes, qui, d'après le catalogue général des ms., t. II, page 23, dérive lui aussi du ms. de la Vaticane ; ni du ms. de la Vaticane lui-même.

Il est inutile de décrire individuellement chacun des ms. de cette famille. Ils procèdent les uns des autres et dérivent tous d'un même original.

Le ms. Dupuy 652 qui date de 1648 porte au folio 2 cette indication : « Assises et bons usages du royaume de Jérusalem... transcrites sur un manuscrit de la bibliothèque vaticane. »

Le fr. 1077 porte également la mention : « d'un ms. de la Vaticane » et il est la reproduction textuelle du précédent.

Le fr. 1078 au folio 1 contient cette note : « Assises et bons usages du royaume de Jérusalem d'un manuscrit de la Vaticane. Celui-ci a été copié sur le ms. qui est en la bibliothèque de Messieurs Dupuy, frères. »

Enfin sur le ms. de la bibliothèque Sainte Geneviève on lit encore ceci : « Cestuy livre a été copié sur le ms. qui est à la bibliothèque de Messieurs Dupuy, frères. »

Le texte de Thaumas de la Thaumassière appartient manifestement au même type et dérive certainement du même ms. de la bibliothèque Vaticane. C'est du reste ce que semble dire de la Thaumassière dans une note assez obscure : « Brodeau dit qu'il y a un ms. des Assises en la Vaticane, un autre en la bibliothèque de Messire Pierre Séguier, chancelier de France, et un autre en celle des héritiers de Maître Jean Leschaffier, conseiller au Parlement de Paris, duquel il a tiré une copie. Le Père Labbe en cite un autre exemplaire de la bibliothèque de Messieurs Dupuy, mais ils ont tous été transcrits de la bibliothèque du Vatican. »

Nos quatre ms. et cette édition dérivent par conséquent d'un même original. Leur texte est presque identique.

DEUXIÈME SECTION

Nous avons vu quels sont les différents livres des Assises de Jérusalem et les principaux manuscrits qui nous les ont conservés.

Il convient maintenant de reprendre successivement chacun d'eux pour essayer d'en établir le texte et d'en préciser la date.

I. — Le livre au roi.

Le Livre au Roi est un traité de droit féodal qui s'occupe presque exclusivement des obligations juridiques du roi et de ses vassaux.

Le comte Beugnot l'a ainsi nommé parce que dans le manuscrit de Munich l'explicit du livre qui le précède immédiatement est ainsi libellé : « Y-ci est finy cestuy livre et commence après au Roi » (1).

L'appellation est donc doublement heureuse puisqu'elle est à la fois conforme à un manuscrit et parfaitement d'accord avec l'objet même du livre.

LES MANUSCRITS

Ce traité nous est conservé par deux manuscrits :

1. Fr. 19026 rub., fol. 31 et 32, texte folio 263 à 276.

1. Voir Kausler.

1. Beugnot a eu en mains un troisième manuscrit provenant de la bibliothèque de Nancy, qui semble maintenant perdu ; ce manuscrit en écriture du xviiie siècle était copié sur un autre plus ancien du 4 août 1344, il contenait Le livre au Roi en 52 chapitres comme dans le manuscrit de Munich ; il est permis de supposer qu'il n'en différait guère.

2. Le Cod. Gall. 51 de Munich, chap. CCXCVIII à
CCCXLIX.

Manifestement aucun de ces deux manuscrits n'est, si
j'ose dire, une édition originale. Tous deux sont très postérieurs à l'œuvre, tous deux contiennent beaucoup d'autres
matières. Cependant les deux leçons se ressemblent beaucoup. A une exception près, l'ordre des chapitres est le
même ; les chapitres communs sont semblables, sauf
quelques différences insignifiantes dues plutôt à des erreurs
de copistes qu'à de véritables différences de leçons. Ces
quelques dissemblances, intéressantes peut-être pour un
éditeur critique, ne sauraient retenir l'attention dans cette
étude générale.

Il n'existe guère entre les deux manuscrits qu'une seule
différence importante : le manuscrit de Munich contient
52 chapitres, le fr. 19026 n'en contient que 31. Pourquoi
cette différence (1)? Le fr. 19026 est-il incomplet de 21 cha-

1. Le ch. 17 de Beugnot = le ch. 314 de Kausler, 15 de fr. 19026

18	315	16
19	316	17
20	317	18
21	318	19
22	319	manque
23	320	manque
24	321	—
25	322	—
26	323	—
27	324	—
28	325	20
29	326	manque
30	327	—
31	328	—
32	329	—
33	330	—
34	331	manque
35	332	—
36	333	—
37	334	21
38	335	22
39	336	manque
40	337	23
41	338	24
42	339	25
43	340	26
44	341	manque

pitres ? Ou bien au contraire le Cod Gall. 51 contient-il 21 chapitres interpolés ? Il est, je crois, possible de répondre avec certitude que le fr. 19026 est incomplet.

D'abord on rencontre dans toutes les parties du manuscrit une tendance très nette du copiste à abréger tous les textes, même ceux qu'il paraît reproduire intégralement ; il le fait du reste avec intelligence et sa leçon est souvent plus claire que l'original (1).

Le livre en 31 chapitres, tel que le fournit Fr. 19026, semble faire un tout bien cohérent ; et ceci est facile à obtenir, quand on résume une œuvre antérieure. Mais le livre en 52 chapitres du ms. de Munich est, lui aussi, cohérent ; toutes ses parties se succèdent logiquement ; et ceci serait plus difficile à obtenir, si on avait interpolé et amplifié un livre déjà fait (2).

Les chapitres propres au manuscrit de Munich supposent un droit tout à fait analogue à celui que prévoient les chapitres communs et assez différent de celui que décrivent les autres livres des Assises (3).

45	342	—
16	313	27
46	343	28
47	344	manque
48	345	—
49	346	29
50	347	30
51	348	31
52	349	manque

1. Cette tendance à abréger se retrouve également dans le livre de Jean d'Ibelin, celui de Philippe de Novare et le *Livre des Assises des Bourgeois*.

2. Le chapitre 16 du manuscrit de Munich, 27 du Français 19026, peut être aussi normalement placé à un endroit qu'à l'autre. On ne peut donc rien déduire de ceci.

3. Les chapitres 31 et 35 de Beugnot, qui sont propres au manuscrit de Munich, prévoient le cas de femmes tutrices ce qui est inconnu des autres livres des Assises.
Les chapitres 22, 23, 24, qui sont propres au manuscrit de Munich sont en parfaite conformité avec le chapitre commun (16 de Munich, 27 de 19026) et supposent pour le vassal coupable de certaines fautes la peine de l'exhérédation, alors que, pour ces mêmes causes, les autres livres des assises ne prévoient qu'une privation de jouissance du fief d'un an et un jour. On pourrait multiplier ces exemples.

Un grand nombre de chapitres spéciaux à l'un des manuscrits ainsi que beaucoup de chapitres communs prévoient le cas où le Chief Seigneur serait non un roi mais une reine (1).

La langue, le style, les formules initiales et finales sont absolument les mêmes dans tous les chapitres.

De ces diverses observations il est, semble-t-il, permis de conclure que le Fr. 19026 est incomplet, que le manuscrit de Munich n'est pas interpolé et qu'il fournit une leçon que nous n'avons aucune raison de suspecter.

Les éditions. — Beugnot prit pour base de son édition le texte de Munich en le corrigeant un peu arbitrairement par celui de Fr. 19026. Mais les deux textes étant très semblables dans les chapitres communs, ces corrections n'ont pas grande importance.

Kausler reproduisit intégralement le texte du manuscrit de Munich.

Ces deux éditions sont satisfaisantes.

Patrie du Livre au Roi. — La plupart des auteurs attribuent sans discussion le Livre au Roi au royaume de Jérusalem. Seul Schlumberger y semble voir un traité de droit chypriote.

« L'organisation monétaire du royaume de Chypre différait entièrement, nous dit-il, de celle du royaume de Jérusalem où plus de vingt féudataires jouissaient à côté du souverain du droit de frapper monnaie. En Chypre le roi jouissait seul du droit de battre monnaie. Dans le chapitre 26 du Livre au Roi écrit, on le sait, entre 1271 et 1291, on lit ce passage : « Ici orrés per quantes raisons peut li roi deseriter ses homes liges sans esgart de cort... La siste raison si est se aucun home lige qui que il fust ou terrier ou autre faiset faire et labourer et batre monée en sa terre por ce que nul home ne doit aver monnée (atelier monétaire) labourant fors li roi par droit ne par l'assise » ;

1. Chapitres 30, 32, 33, 26, 27, 31, 29, etc... qui tous sont propres au manuscrit de Munich; or le livre a certainement été écrit sous le règne d'une reine ainsi que nous l'établirons plus loin en nous appuyant uniquement sur les chapitres 4, 5 et 6 qui sont communs aux deux manuscrits.

le crime de battre monnaie était donc considéré en Chypre comme assez grave puisqu'il entraînait la confiscation du fief... » (1)

Il est bien certain que des seigneuries vassales du royaume de Jérusalem ont battu monnaie. Nous possédons des pièces des baronies de Sidon (2), de Beyrouth (3), du Toron (4), de Tyr (5-6), etc...

Il semblerait donc résulter du passage cité que le Livre au Roi ne puisse pas concerner le royaume de Jérusalem. Pareille conclusion serait prématurée; les plus anciennes monnaies connues de vassaux hiérosolymites sont, si je ne me trompe, celles de Renaud qui fut Sire de Sidon entre 1165 et 1204 (7).

Or dans ce chapitre 16 l'auteur du Livre au Roi a simplement rappelé une vieille assise du roi Baudouin II mort en 1131 ; mais il n'a nullement cherché à nous dire si cette assise était encore appliquée dans toutes ses dispositions, ni même si elle l'avait jamais été.

De plus l'opinion de Schlumberger est inacceptable parce qu'elle est en contradiction avec des textes formels et qui démontrent que le Livre au Roi a été écrit pour le royaume syrien de Jérusalem.

Le premier chapitre du livre lui-même qui déclare interdit par l'assise au chief seigneur de mettre aucune forteresse du royaume aux mains des Sarrasins permettrait déjà de supposer qu'il s'agit du royaume continental de Jérusalem

1. Schlumberger, *Numismatique de l'Orient latin*, p. 175.
2. *Ibid.*, 113-114.
3. *Id.*, p. 118-119.
4. *Ibid.*, p. 125.
5. *Id.*, p. 128-129.
6. Jean d'Ibelin, ch. 270, p. 419 donne l'énumération des seigneuries de Syrie ayant cour est coins et justices. Mais il n'est pas certain qu'il faille traduire le mot coins par monnaie ou droit de battre monnaie comme le fait Godfroy dans son dictionnaire et comme le font après lui Schlumberger et tous les auteurs. Je crois que, au moins dans le chapitre 39 du Livre au Roi, le mot coins orthographié coings veut dire sceau et chancellerie et ne peut pas vouloir dire autre chose. Et par contre, je ne connais pas un seul texte dans les Assises de Jérusalem où le mot coins désigne sûrement le droit de battre monnaie et où il ne puisse pas signifier droit de sceau.
7. Schlumberger, *op. cit.*, p. 113-114.

et non pas du royaume insulaire de Chypre, mais le chapitre 39 est encore plus précis. Il donne l'énumération des
principales baronnies du Royaume et cite Crac, Jaffa,
Ascalon, Arsur, Césaré, Cayphas, Tibériade, Bélinas, Toron,
Scandélion, Sidon et Beyrouth.

Voici qui ne laisse aucune place au doute ; le livre a
été écrit pour le royaume syrien de Jérusalem.

Date du Livre au Roi. — Mais quand fut-il écrit ? C'est là
une question qui paraît avoir quelque peu embarrassé le
comte Beugnot (1).

Il reconnaît que le livre a une physionomie très particulière. Aux hésitations, aux incertitudes, aux lentes
démonstrations de Jean d'Ibelin et de Philippe de Novare,
il oppose la précision du Livre au Roi « qui a toutes les
apparences d'un code et ne ressemble en rien à un
ouvrage de jurisprudence. Le droit d'outre-mer s'y montre
avec les signes de la fixité. L'auteur, loin de chercher
timidement ce qui constitue la loi, la déclare sans hésitation et avec autorité. On serait au premier aspect disposé
à croire que ce livre est très ancien et qu'il fut composé à
une époque où les lettres du Saint-Sépulcre fournissaient
une base assurée aux méditations des légistes. Mais
quelques indices nous montrent que la date de sa rédaction doit être placée entre les années 1271 et 1291 » (2).

Ces indices, Beugnot les trouve dans les chapitres 29 et
36 du livre.

Le chapitre 29 déclare que le roi ou la reine ne peut
mander son homme lige hors des parties du royaume
pour « nul besoing de luy qu'il en ait mais, qu'il peut le
mander sous peine d'exhérédation pour le profit dou
réaume et pour le besoing de la terre » à condition de
payer les frais du voyage.

A l'aide de ce chapitre, Beugnot croit pouvoir déterminer approximativement l'époque où le livre fut écrit.
« Une discussion très grave s'éleva entre le roi Hugues III
et ses vassaux sur l'étendue du service militaire. Le roi

1. *Assises de Jérusalem,* t. I, p. 66.
2. *Ibid.*, p. 66.

soutenait que le service était dû à la volonté et au besoin du seignor. Jacques d'Ibelin réfuta cette erreur par un discours plein de raison et d'éloquence, cette discussion eut un grand retentissement et amena sans doute la publication d'une assise. Or le débat eut lieu en l'année 1271 et l'on doit admettre que le Livre au Roi fut écrit postérieurement à cette époque » (1).

Le chapitre 36 déclare que le jour où serait reconquis «Jérusalem, Crac Ascalon et les villes de la marine entour » actuellement occupées par les Sarrasins, il conviendrait d'ensaisiner des fiefs situés en ces villes les filles directes des anciens détenteurs de préférence aux enfants d'un fils qui ne fut jamais envoyé en possession.

De ceci Beugnot conclut que le livre « fut rédigé à une époque où Jérusalem et les autres villes sus-nommées étaient au pouvoir des Sarrasins et où cependant l'espoir de réconquérir ces villes n'était pas perdu pour les Chrétiens. Cette induction permet de donner pour seconde limite de l'époque où ce livre fut rédigé l'année 1291, année de la prise d'Acre et de la ruine de toutes les espérances des Chrétiens en Orient » (2).

Tels sont les arguments sur lesquels s'appuie Beugnot pour placer entre 1271 et 1291 la rédaction du Livre au Roi. Ce système fut toujours accepté sans aucune discussion par tous les auteurs, sauf un.

Dans un compte rendu du *Journal des Savants* paru en 1841 (3) Paulin Pâris a critiqué les conclusions de Beugnot. Il a placé à la fin du XIIe siècle la rédaction du livre et il en a signalé l'exceptionnel intérêt. Malheureusement cet article traduit une impression plutôt qu'il ne construit une théorie. Paulin Pâris affirme que Le Livre au Roi est fort ancien et que le système de datation de Beugnot ne prouve rien ; mais il n'appuie sa propre opinion sur aucune raison valable. Il se contente d'opposer le régime successoral décrit par le Livre au Roi en son chapitre 39 à celui de Jean d'Ibelin et de montrer que le

1. *Assises de Jérusalem*, t. I, p. 626, note 2.
2. *Assises de Jérusalem*, t. I, p. 362, note 1.
3. *Journal des Savants*, année 1841, p. 292 et suiv.

premier est plus archaïque que le second. Ceci suffit à prouver l'antériorité du Livre au Roi, mais ne permet pas d'en placer la rédaction à la fin du xɪɪᵉ siècle, comme le fait Paulin Pâris.

Il est certain que la théorie de Beugnot est inacceptable. Sa faiblesse, son invraisemblance même apparaissent immédiatement et il est surprenant de voir tous les auteurs l'accepter sans discussion. Que le livre ait été rédigé avant 1291 la chose est certaine, puisqu'il fut écrit pour le royaume latin de Syrie, mais il n'y a aucune espèce de raison de le croire postérieur à 1271. Les motifs donnés par Beugnot n'ont aucune espèce de valeur.

La communauté des lignes chypriotes doit-elle au roi le service d'ost en dehors de l'île de Chypre ? Voilà ce qui fut débattu au procès de 1271 (1). Un vassal isolé doit-il un service d'auxilium au roi de Jérusalem en dehors de la Syrie ? Voilà ce dont s'occupe le chapitre 29 du Livre au Roi. Ce sont là deux questions absolument différentes et qu'il n'y a aucun motif de rapprocher (2).

Force nous est de chercher ailleurs les éléments de la datation (3). On vient de le voir, le Livre au Roi fut écrit en Syrie ; et il fut écrit à une époque où Jérusalem était aux

1. Ass. de Jérusalem, t. II.

2. Contre le système de Beugnot, on pourrait encore objecter beaucoup d'autres choses.

Dans son chapitre 217, page 347, Jean d'Ibelin s'occupe déjà du devoir d'auxilium du vassal hors du royaume et il dit en termes différents les mêmes choses au fond que le chapitre 29 du Livre au Roi. Or Jean d'Ibelin mourut en 1266, cinq ans avant le procès de 1271. De plus, nous ignorons tout de ce procès. Nous ne savons pas comment il fut jugé. Rien ne permet de supposer qu'il fut l'origine d'une assise ; rien même ne prouve qu'il ait eu une grande répercussion. Des discussions sur le service militaire hors du royaume, il y en a eu à Damiette, à Cérines, etc., il y en a eu sans cesse à Jérusalem comme dans tous les pays d'occident. Je ne serais cependant pas surpris qu'après ce procès de 1271 la formule du serment d'hommage ait été modifiée.

3. Philippe de Novare qui écrivit peu après 1239 reproduit le Livre au Roi (ch. XLIII, cf. Novare, ch. 58 et 86 Livre au Roi, ch. 27).

Le *Livre des Assises des Bourgeois*, qui fut écrit pendant la seconde occupation de Jérusalem, reproduit également le Livre au Roi, ch. 24.

Il est vrai que ces trois livres peuvent reproduire une source commune.

mains des Sarrasins. Or les Francs ont tenu la Syrie sans Jérusalem pendant deux périodes : après les défaites de Guy de Lusignau et avant le traité de Frédéric II et de Mélik el Kamel de 1187 à 1229 ; puis ensuite après la deuxième perte de Jérusalem et avant la chute de Saint-Jean d'Acre de 1239 à 1291.

Sans être absolument probant, le chapitre 36 permet de supposer qu'il s'agit plutôt de la première période que de la seconde. Il prévoit le cas où Naples, Crac, Jérusalem, Ascalon « ou aucune des autres villes de la marine » reviendraient aux mains des chrétiens. Ces villes de la marine furent au pouvoir des Sarrasins après 1187, mais elles étaient chrétiennes pour la plupart entre 1239 et 1291.

Mais il y a un autre élément de datation plus précis. Alors que toujours tout les autres livres des Assises ne parlent que du roi seul, sans jamais mentionner la reine, toujours le Livre au Roi nomme la reine et le roi (1) ou même la reine seule (2).

Et ceci permet de supposer que le livre fut écrit à une époque où la couronne de Jérusalem appartenait à une femme, le roi étant seulement le mari de la reine. Pareille situation ne s'est pas produite une seule fois entre 1244 et 1291 ; mais elle s'est perpétuée sans interruption de 1192 à 1227.

En 1192, Isabelle devint héritière du royaume. Elle était veuve sans enfant de Hunfroy de Toron, lequel était mort avant qu'elle ne fut reine. Comme reine Isabelle fut d'abord mariée à Conrad de Montferrat qui fut sacré roi à Tyr et assassiné le jour même de son couronnement. Mais Conrad laissa à Isabelle une fille Marie de Montferrat. Elle épousa ensuite Henri II de Champagne qui fut roi comme mari de la reine de 1192 à 1197. De Henri, Isabelle n'eut pas d'enfant. Veuve à nouveau elle épousa enfin Amaury de Lusignan qui fut également roi comme mari de la reine. Amaury était lui-même veuf et avait des enfants. Il donna à Isabelle un fils et plusieurs filles. Il mourut en 1205 un peu après son

1. Ch. 30, 32, 33, 26, 27, 31, 29, etc.
2. Ch. 12, 14, 15, 16, etc.

fils et un peu avant la reine. A la mort d'Isabelle, sa fille, Marie de Montferrat régna, jusqu'en 1225 par son baile d'abord, par son mari Jean de Brienne ensuite.

Au décès de Marie de Montferrat, sa fille Isabelle devint reine de 1225 à 1227. Mais en 1227 elle mourut en mettant au monde un roi : le petit Conrad de Hohenstaufen.

On le voit, de 1192 à 1227, des femmes ont sans cesse occupé le trône de Jérusalem. Mais il est, je crois, possible de préciser sous quel règne le Livre au Roi fut composé.

Les chapitres 4, 5, 6 du livre supposent le cas d'une reine veuve ayant une fille née du roi prédécédé et ayant d'un nouveau roi vivant des fils ou filles, et ils se demandent lequel de ces divers enfants sera habile à succéder. Cette situation très particulière ne peut s'appliquer qu'à la seule reine Isabelle pendant son mariage avec Amaury entre 1197 et 1205. Elle avait alors une fille Marie de Montferrat d'un mariage antérieur avec Conrad de Montferrat, et elle avait un fils et des filles de son mari Amaury. Il paraît donc permis de supposer que le livre fut composé pendant cette période (1197-1205).

II. — Le Livre des Assises des Bourgeois

Le *Livre des Assises des Bourgeois* a été l'objet d'une traduction officielle en 1531. Il présente donc deux états différents :

La leçon primitive.

La traduction officielle de 1531.

Le texte de cette traduction est extrêmement facile à établir, puisqu'il nous est conservé par le seul Italien 29 et que ce manuscrit semble être une copie absolument littérale de l'original (1).

L'établissement de ce texte ne présente donc aucune possibilité de difficulté et il ne saurait retenir notre attention.

1. Cf. plus haut, p. 3o.

Il existe de cette traduction deux éditions (1) correctes :
L'édition Canciani (2), l'édition Foucher (3).

Nous nous occuperons uniquement d'établir le texte primitif puis de le dater.

Le *Livre des Assises des Bourgeois* nous est conservé par sept manuscrits :

1. Le Fr. 12207.
2. L'Italien 29, folios 1 à 55.
3. Le Codex Gall, n. 51 de Munich.
4. Le Fr. 19026, folios 1 à 16.
5. Le Grec anc. fs 1390.
6. Le Grec supp. 465.
7. Le ms. grec dit de Maxima Laura.

LES MANUSCRITS

Dans le ms. 12207 le *Livre des Assises des Bourgeois* est écrit entièrement en français ; on n'y trouve aucun chapitre, aucune rubrique, aucun passage en latin ; il contient 266 chapitres.

L'It. 29 reproduit, on le sait, la traduction vénitienne de 1531 qui a été établie d'après le Fr. 12207 (4) et d'après trois autres manuscrits semblables. L'Ital. 29 qui n'est qu'une traduction et qui dérive du Fr. 12207 ne saurait être bien intéressant (5).

Le Cod Gall 51 contient 297 chapitres. Entre cette leçon et celle de Fr. 12207 il existe une très grande différence : alors que le ms. 12207 est écrit entièrement en français, le ms. de Munich a un très grand nombre de passages en latin dans le corps ou à la fin des chapitres, des rubriques latines et même quelques chapitres en latin (6).

1. Beugnot signale une édition incunable du xvie siècle ; je n'ai pu la retrouver.
2. Canciani Barbarorum, *Leges antiquæ*, t. II.
3. Victor Foucher, *Assises du royaume de Jérusalem*, 1re partie.
4. Ou plus exactement d'après le manuscrit alors à Venise dont le Fr. 12207 n'est que la copie figurée.
5. Cependant il ne sera pas sans intérêt de noter les quelques différences qui existent entre le ms. dit de Venise et la traduction italienne.
6. Les deux manuscrits présentent au ch. 51 de Munich, 87 de Fr. 12207 la même faute. Ils portent contrest ou contrast pour content

Le Fr. 19026 ne fournit que les 78 premiers chapitres du livre. Sa leçon ne se confond pas avec celle du ms. de Munich, ses rubriques sont différentes ; parfois les matières contenues en deux chapitres distincts dans le Codex Gall 51 sont réunies en un seul chapitre dans le Fr. 19026 (1). Le texte lui-même n'est pas toujours identique (2).

Cependant la leçon de ce manuscrit se rapproche extrêmement de celle du Codex de Munich et elle s'écarte de la même façon qu'elle du Fr. 12207 (3). Toujours tous les chapitres en latin du manuscrit de Munich qui manquent dans celui de Venise se retrouvent dans le Fr. 19026 (4). Presque (5) tous les passages en latin s'y retrouvent soit traduits en français (6), soit plus souvent également en latin (7).

(litige) et cette faute ne se retrouve pas dans la traduction italienne (Foucher, p. 263) où on lit contrasto qui signifie litige. Est-ce à dire que les deux manuscrits procèdent d'un manuscrit commun ? Il se peut que la faute ait existé dans l'original et qu'elle ait été corrigée par les traducteurs italiens.

1. C'est pour cela que le ch. 78 de 19026 correspond au 83 de Munich.

2. Voici par ex. le texte du ch. LXIII de Fr. 19026 qui correspond au chapitre LXV et LXVI du Cod Gall 51 et au ch. LXVI de Fr. 12207 (voir Kausler, p. 94-95 : « Defide jusoribus id est de secundis debitoribus dicendum est quorum gracia creditor pecuniam suam debitori suo credet. C'est-à-dire bien sachent toz homes que pleges sont seconz détours quar quant celui qui preste son avoir ne peut estre paie de son destour, il est mestier par droit que les pleges le paient quar por ce prent l'accréor les pleges por ce que il se doute de son détour et pour ce vos gardes bien a celui vos plegies. »

Voir aussi le ch. 39 de 19026 correspondant au ch. 42 de Munich qui est en partie reproduit par Beugnot, p. 42. On pourrait encore citer quelques autres exemples peu nombreux et moins précis, car il y a peu de différence entre les textes des deux manuscrits.

3. Il est stupéfiant de voir Beugnot (t. II, p. 66) affirmer la similitude du Fr. 19026 avec le ms. de Venise et sa dissemblance avec le ms. de Munich.

4. Soit entièrement traduit en français (ch. 13 de Munich, 11 de 19026 ; Beugnot, p. 27) ; soit entièrement en latin (ch. 22 de Munich, 20 de 19026) ; soit partiellement en latin et partiellement en français (ch. 42 de Munich, 39 de 19026 ; Beugnot, p. 42, ch. 65 de Munich et 63 de 19026).

5. Passages latins de Munich manquant entièrement dans 19026 : 14 de Munich, 12 de 19026 ; 24 de Munich, 21 de 19026.

6. Passages latins de Munich traduits en français dans 19026 : 7 de Munich, 6 de 19026, 27-26 ; 29-27 ; 30-28 ; 38-35 ; 71-68 ; 78-75.

7. 15 de Munich, 13 de 19026 ; 44-39 ; 21-19 ; 71-67 ; 63-60 ; 75-70 ; etc.

Le Fr. 19026 fournit certainement une bonne leçon mais il est trop incomplet et trop voisin du ms. de Munich pour avoir une très grande importance.

Les trois manuscrits grecs ne sont pas eux non plus très importants. Ce sont des traductions et des traductions incomplètes. Les derniers chapitres 244 et suivants de Beugnot ne s'y trouvent pas, seul le grec supp. 465 donne un très court chapitre (1) qui n'existe pas dans les manuscrits français. Tous trois reproduisent une leçon très voisine de celle du Cod. Gall. 51 et du Fr. 19026 (2) et distincte de celle du Fr. 12206. Tous les chapitres latins de Munich et le plus grand nombre de passages latins se retrouvent, mais en grec, dans nos trois manuscrits. Les chapitres 210 puis 212 à 218, 222 à 226, 229 à 233 du manuscrit de Munich qui manquent dans celui de Venise existent dans les manuscrits grecs.

Tous ces divers manuscrits peuvent se ramener à deux groupes :

L'un comprend le Fr. 12207 et l'Ital. 29.

L'autre comprend le Cod. Gall 51 et le Fr. 19029 et les 3 manuscrits grecs.

Dans ces deux groupes les manuscrits de beaucoup les plus importants sont le Fr. 12207 et le Cod. Gall. 51. Ce sont ces deux manuscrits que nous allons comparer entre eux. Les autres ne serviront que très subsidiairement pour compléter et préciser les leçons fournies par les deux manuscrits types.

Différence entre la leçon du ms. de Venise et celle du ms. de Munich. Supériorité de cette dernière. — Sur la valeur

On pourrait ajouter que les chapitres 46 et 47 de 19026 qui manquent dans le ms. de Munich parce que le feuillet a été arraché sont des citations latines tout à fait semblables à celles que l'on trouve si souvent dans le ms. de Munich et que ces citations latines ne se retrouvent pas dans les deux chapitres correspondant du ms. de Venise ; cf. Beugnot, t. II, ch. 49 et 50.

1. Sathas, *Bibliotheca Greca medii ævi*, vol. 6, p. 189.

2. Plus peut-être du Fr. 19026 que du manuscrit de Munich, puisque le ch. 61 du Fr. 19026 (65 de Beugnot) qui ne forme pas un chapitre séparé dans le manuscrit de Munich (ni dans celui de Venise) forme un chapitre séparé du grec anc. fr. 1390 et de grec supp. 465. Cf. Sathas, t. VI, p. 307 et 57.

respective de ces deux leçons les opinions des auteurs diffèrent. Pour le comte Beugnot (1) comme pour Foucher (2), le bon manuscrit est celui de Venise qui est écrit tout entier en français. Les érudits du xviiiᵉ siècle pensaient de même et cette opinion a été reprise par toute la littérature de seconde main.

Mais Kausler (3) a combattu cette manière de voir et a affirmé avec beaucoup de force la supériorité du manuscrit de Munich. Telle devait être également l'opinion de M. Esmein qui renvoie toujours à l'édition Kausler, c'est-à-dire au manuscrit de Munich quand il cite le *Livre des Assises des Bourgeois*. M. Viollet pensait évidemment de même, puisqu'il « incline à croire que le livre primitif a été écrit en latin » et que les passages latins qui subsistent sont des vestiges de cette rédaction primitive (4). Mais ces deux éminents auteurs n'ont jamais exposé les motifs de leurs opinions, ils ne l'ont même jamais formulé de façon expresse.

Les deux leçons diffèrent :

A. — Par les rubriques.

B. — Par leurs groupements des matières.

C. — Par le nombre des chapitres.

D. — Par la rédaction de certains chapitres, et surtout par la présence dans le manuscrit de Munich de certaines parties latines qui manquent dans le manuscrit de Venise.

A. — *Rubriques.* — Dans aucun des manuscrits français ou grecs du livre, les rubriques ne se ressemblent de façon constante, et dans le même manuscrit très souvent les rubriques des chapitres diffèrent de celles de la table des matières (5). Elles semblent être en partie l'œuvre fantaisiste des copistes.

Entre le ms. de Munich et celui de Venise les rubriques diffèrent fréquemment.

1. Beugnot, 2, p. LXIX et LXX.
2. Foucher, préface.
3. Kausler, *Revue Félix*, année 1839.
4. Paul Viollet, *Histoire du droit civil français*, 3ᵉ édition, p. 179, texte et note. M. Viollet avait fait sa thèse des chartes sur « la procédure d'après les Assises de Jérusalem ».
5. Ceci est particulièrement fréquent dans les manuscrits grecs.

Un simple coup d'œil sur l'édition Kausler qui publie les deux leçons, ou sur l'édition Beugnot qui indique les variances suffit à le prouver. Cependant il y a entre les deux leçons des similitudes réelles ; elles procèdent évidemment d'une source commune.

B. — Entre les deux leçons, le groupement des matières diffère quelquefois. Fréquemment les matières traitées en deux chapitres dans le ms. de Munich sont réunies en un seul dans le ms. de Venise (1). Dans tous ces cas du reste, le ms. de Venise s'écarte davantage de la leçon originale.

En effet, dans le *Livre des Assises des Bourgeois* comme dans tous les autres livres des Assises de Jérusalem, un nombre très considérable de chapitres se termine par cette phrase (2) « car ce est droit et raison par la loi et par l'assise de Jérusalem », cependant que le chapitre suivant commence par des mots comme ceux-ci « encement », « se il avient », « bien saches », etc... Ce sont là des formules finales et initiales qui sont comme de style dans toutes les œuvres juridiques de l'Orient Latin et qui manifestement dans toutes appartiennent à la rédaction primitive.

Or toujours les chapitres distincts du ms. de Munich, qui ont été réunis en un seul dans le ms. de Venise, se terminent ou commencent par l'une de ces formules et toujours ces formules se retrouvent dans le même ordre — mais cette fois au milieu du texte — dans le chapitre unique correspondant du manuscrit de Venise (3).

Il est donc bien évident que le copiste de ce dernier manuscrit a groupé en un seul des paragraphes primitivement distincts.

Du reste le copiste du Cod Gall 51 a lui aussi parfois réuni des paragraphes primitivement indépendants. Le chapitre 126 est particulièrement caractéristique. Il se compose également de deux parties dont la première se

---

1. Ch. 92 et 93 de Munich, 86 de Venise.
    64 65   49
  218 219   192
  249 250   249
2. Ou une partie seulement de cette phrase finale.
3. Voir en particulier 92 et 93 de Cod Gall 51 et 86 de Fr. 12.207.

terminé par cette phrase « car ce est droit et raison par l'assise de Jérusalem » et dont la suivante commence par ce mot « encement » (1). A la fin de cette deuxième partie on lit ceci « qui comme est dit dessus en l'autre chapistle » ; or le contexte démontre nettement que cet autre chapitre, c'est précisément la première partie de ce même chapitre 76 du manuscrit de Munich. Il est donc manifeste qu'ici le copiste a réuni en un seul deux chapitres distincts.

Ces quelques observations suffisent à prouver : 1° que dans sa forme originale le *Livre des Assises des Bourgeois* était déjà divisé en chapitres (2) ; 2° que les divisions actuelles ne correspondent pas exactement à ces divisions originales ; 3° que le manuscrit de Venise s'écarte encore plus que celui de Munich de la forme primitive.

C. — *Nombre des chapitres.* — Le groupement des matières étant l'œuvre fantaisiste des copistes, le nombre des chapitres ne saurait être le même dans les divers manuscrits. Celui de Munich en compte 297, celui de Venise 267 seulement ; mais cette différence ne provient pas uniquement des copistes. Certaines matières qui existent dans l'un des manuscrits où elles forment un chapitre distinct manquent entièrement dans l'autre. C'est ainsi que le manuscrit de Venise possède, en dehors et en plus de celui de Munich, le texte de ses chapitres 196, 198, 202, 213, 236, 267. De son côté le manuscrit de Munich contient en plus de l'autre 30 chapitres dont 18 sont en latin (3) et 12 en français (4). Il est intéressant de noter que tous les chapitres qui manquent dans le Cod Gall 51 manquent également dans les manuscrits grecs et existent dans l'italien 29, de même que tous les chapitres propres au manuscrit de

1. Ces deux formules sont séparées dans le manuscrit de Munich par une phrase latine qui est une interpolation ainsi que nous nous efforcerons de le démontrer plus loin.

2. Sur la division primitive cf.

3. Ce sont les ch. 13, 22, 42, 65, 85, 103, 108, 111, 116, 134, 150, 155, 176, 181, 210, 225, 256, 270.

4. Ce sont les ch. 212, 213, 214, 215, 216, 217, 222, 224, 229, 230, 231 et 232.

Munich (1) se retrouvent dans les manuscrits grecs ou une partie d'entre eux, ainsi que dans le français 19026 (2).

De cette différence sur le nombre des chapitres et des matières réellement contenues dans les deux leçons, il est assez difficile de tirer une conclusion quelconque. Aucun de ces chapitres n'apparaît comme une interpolation et tous semblent par leur rédaction et par leur objet appartenir au texte primitif.

Notons seulement que la leçon de Munich plus complète apparaît par là plus proche de l'original et préférable.

D. — *Différence de rédaction*. — Les différences de rédaction du texte ne sont ni très nombreuses ni très importantes pour les parties écrites exclusivement en français dans les deux leçons. Cependant le manuscrit de Venise est généralement plus bref, plus clair et mieux rédigé que celui de Munich (3). C'est une raison de le croire plus éloigné de l'original.

Mais ce qui distingue surtout les deux leçons, c'est la présence ou l'absence des passages latins. C'est la différence capitale sur laquelle il convient d'insister particulièrement.

Parmi ces passages on peut distinguer quatre catégories bien tranchées.

1º Des phrases latines qui se trouvent à la fin de chapitres français ;

2º Des phrases latines qui se trouvent au milieu de chapitres français ;

3º Des chapitres entiers en latin ;

4º Des rubriques écrites entièrement en latin.

1º *Finales latines*. — Un très grand nombre de chapitres du manuscrit de Munich, 88 je crois, sont terminés par une phrase latine.

---

1. Sauf un, le ch. 270.
2. Pour la partie qui existe, bien entendu.
3. Voir en particulier les ch. 212 de Venise et 248 de Munich. Voir aussi Venise, 36, 39, 43, 141, 192 et 212 Munich. 38, 41, 46, 156, 218 et 19, 248. Remarquer surtout les ch. 10 dès 2 ms où éclate la supériorité de Munich avec sa rédaction plus longue et moins claire, Le droit même y est différent, plus sévère est plus archaïque.

De ces 88 citations latines 2 (1) ou 3 (2) seulement se retrouvent soit entièrement traduites soit simplement rappelées dans les autres manuscrits. Ces deux ou trois finales sont très utiles à la compréhension générale du chapitre. Des 85 autres, aucune ne se retrouve dans les autres manuscrits et aucune n'est utile à la compréhension du chapitre. Certaines sont tout à fait inintelligibles (3). Quelques-unes semblent en contradition avec le reste du chapitre (4). D'autres plus nombreuses paraissent se rapporter non pas à la phrase française qui précède immédiatement, mais à une autre phrase du chapitre (5) ou même à un chapitre précédent (6).

De pareilles anomalies ne s'expliquent que d'une seule façon : ces finales latines sont des notes marginales écrites par quelque lecteur en regard du texte même du livre, qu'un copiste mal inspiré a transcrites à la suite des chapitres primitifs sans les comprendre, souvent même sans bien les lire, accolant parfois à un chapitre la note qui concernait le chapitre voisin.

Cette conclusion est encore confirmée par l'étude de ces finales latines en elles-mêmes. Beaucoup sont des citations de droit romain qui pourraient être aussi bien l'œuvre d'un lecteur que d'un auteur, mais il en est d'autres qui très manifestement sont des appréciations d'un lecteur qui constate la conformité du chapitre avec le droit romain ou avec la pratique judiciaire (7) et (8).

2° *Phrases latines dans le corps des chapitres.* — 16 chapitres du manuscrit de Munich contiennent dans le corps même du texte français des passages en latin. Parmi ces passages latins, ceux de 13 chapitres semblent bien faire partie intégrante du texte qui les entoure. Tous sont des citations de droit romain ou des écritures,

1. Ch. 8 et *38*.
2. Ch. 27 (qui est moins précis).
3 Ch. 152, 88.
4. Ch. 153.
5. Ch. 86, 260, 263, 287.
6. Ch. 214, 242, 266.
7. Ch. 73, 74, 154, 265, etc...
8. Ch. 63, 47, 133.

tous se retrouvent soit entièrement traduits, soit simplement rappelés, dans le manuscrit de Venise (1). Deux de ces passages se retrouvent en latin dans la traduction italienne (2). Presque tous se retrouvent également en latin dans le fr. 19026. De plus l'abrégé du *Livre des Assises des Bourgeois* (3) qui fut composé au xive siècle reproduit les chapitres 15 e 16 du *Livre des Assises des Bourgeois* avec les passages latins.

Tous ces passages latins sont indispensables à la compréhension du contexte. Manifestement les chapitres 1, 2, 3, 7, etc., du Cod Gall 51 avec leurs phrases latines sont préférables aux chapitres correspondants du manuscrit de Venise rédigés exclusivement en français.

Presque certainement les passages latins de ces 13 chapitres appartiennent au texte primitif.

Au contraire ceux des chapitres 126, 149 et 288 ne semblent pas faire corps avec le contexte. Ils ne sont pas des citations de textes sacrés ou de droit romain ; ils ne sont pas reproduits par les autres manuscrits et ils ressemblent beaucoup aux nombreuses finales latines étudiées plus haut. Ce sont probablement comme elles des notes marginales placées par le copiste à la suite du texte. C'est qu'en effet si ces trois passages se trouvent dans le manuscrit de Munich à l'intérieur de chapitres, ils se trouvent en réalité entre deux paragraphes du texte primitif.

Au chapitre 76 le passage latin suit ces mots : « Par droit et par l'assise dou réaume de Jérusalem ». Et c'est là, nous l'avons vu, une finale qui termine extrêmement souvent les chapitres des divers livres des Assises de Jérusalem, mais qu'on ne rencontre jamais dans le corps même des chapitres.

Au chapitre 149, le passage latin se trouve à la fin du texte français tel qu'il est fourni par le chapitre correspondant du manuscrit de Venise. Ce passage est suivi dans le manuscrit de Munich par ces mots « Bien saches ». Or

---

1. Voir par ex. ch. 1, 2, 3, 38 du ms. de Munich, 36 de Venise, 41 de Munich, 39 de Venise, 43 de M. ; 40 de V.

2. Ch. 14 et 21.

3. Beugnot, 2, p.316.

cette formule est très fréquente au début des paragraphes ;
elle ne se rencontre jamais dans le milieu du texte.

Le passage latin du chapitre 188 est précédé par la formule finale : « Car ce est raison et droit par l'assise » et il est suivi par cette formule initiale si fréquente « ensement ».

Il est permis de supposer que ces trois passages latins sont en réalité des notes marginales qu'un copiste a fait passer dans le texte en même temps qu'il a réuni en un seul des chapitres primitivement distincts.

3) *Chapitres latins*. — Le manuscrit de Munich contient une vingtaine de chapitres écrits entièrement en latin (1).

Tous ces chapitres ont le même objet : indiquer la matière qui va être traitée dans les chapitres suivants puis la définir, l'expliquer sommairement et la légitimer à l'aide du droit romain et des textes sacrés. De ces chapitres un, le 289, existe en français, mais abrégé, dans le manuscrit de Venise ; un, le 22, existe en latin dans le français 19026 (2) et tous les autres s'y retrouvent mais en français. Les manuscrits grecs reproduisent tous, mais en grec, les chapitres latins du manuscrit de Munich. Ces chapitres latins sont-ils primitifs ? C'est à peu près certain et ceci pour trois raisons :

D'abord parce qu'on les retrouve dans la majorité des manuscrits.

Ensuite parce qu'ils semblent bien faire corps avec l'ensemble du livre et sont utiles à la compréhension. Grâce à eux la leçon de Munich est plus claire et mieux divisée que celle du manuscrit de Venise.

Enfin et surtout ces chapitres latins sont écrits en un style tout personnel :

An non nullis *hujus nostri volumis* locis superius quedam de pactis et conventionibus *prelibavimus* sed quia certo loco de conventionibus tractare expedit prius societatis contractum in quo multe veniunt convenciones. Et pacta

---

1. Ce sont les chapitres 13, 22, 42, 50, 65, 85, 103, 107, 111, 116, 134, 150, 155, 176, 181, 210, 225, 239, 256, 270.
2. Ch. 20 de Fr. 19026.

sum titulum *ponimus* summatim utilia actentes ut complentes pretor (1).

Voilà qui n'a pu être écrit que par l'auteur même du livre. Ce texte et quelques autres semblables (2) ne permettent pas le doute ; ces chapitres écrits en latin sont primitifs ;

4) *Rubriques latines*. — Outre les chapitres latins, il existe un certain nombre de rubriques latines ; certaines sont assez longues et ressemblent fort aux chapitres latins. Comme eux elles annoncent ce qui va suivre, mais ce qui va suivre immédiatement et non plus toute une série de matières ; ce sont des entêtes de paragraphes et non des entêtes de grandes divisions. D'autres rubriques sont très courtes et se composent de ces simples mots : « Item » ou bien « Hoc est de eodem ». Ces rubriques semblent faire corps avec les chapitres latins dont l'authenticité est indiscutable. Très souvent elles sont traduites et commentées en français dans le manuscrit de Munich et ces traductions et commentaires se retrouvent dans les autres manuscrits. Il y a donc tout lieu de croire ces rubriques latines originales.

CONCLUSIONS

A. — *Ce que devait être la division primitive du livre.* — De tout ce qui précède il est permis, semble-t-il, de conclure que la leçon originale contenait d'abord une grande division en un certain nombre de parties dont les chapitres latins du code Gall. 51 sont les témoins et qui s'appelaient tantôt des tituli et tantôt des legés ; puis qu'ensuite venait une subdivision intermédiaire dont les rubriques latines sont les derniers vestiges ; qu'enfin, à l'intérieur de cette subdivision, il y avait des paragraphes appelés chapitres qui se succédaient sans interruption et sans rubriques. L'auteur aurait donc divisé son livre à la romaine, en titres, lois et chapitres, mais il l'aurait fait avec gaucherie, confondant la lex et le titulus.

A l'appui de cette hypothèse, on peut citer quelques

1. Ch. 3.
2. Ch. 134, etc...

textes : les deux chapitres latins, III et 134 (1) sont très nettement des tituli et supposent une division du livre en tituli. Sous cette première division en tituli, il y en a peut-être eu une seconde en lex. « De judiciis haec lex est » (2) dit la rubrique du chapitre latin 116 qui est manifestement une subdivision du chapitre III, lequel est un titulus (3). Mais l'auteur semble le plus souvent confondre titulus et lex. Le chapitre III qui est bien en réalité un titulus, que dans le texte l'auteur appelle un titulus, est, dans la rubrique, désigné sous le nom de lex. Le chapitre 181 qui paraît être également un titulus est lui aussi dénommé lex dans la rubrique.

Qu'ils portent le titre de titulus ou celui de lex, ces chapitres latins représentent manifestement une première grande division du livre (4).

Les rubriques latines, qu'il y a tout lieu de croire primitives, représentent certainement une subdivision des tituli. Leur simple lecture suffit à le prouver. En voici un exemple entre beaucoup d'autres : le chapitre latin 84 est un titulus pui annonce les matières relatives au témoignage. Le premier chapitre latin qui le suit s'exprime ainsi : « item de eodem qui posset testimonium facere et qui non ».

A l'intérieur de cette double division en titres latins et en rubriques latines venaient et se succédaient la série des paragraphes, ou chapitres français qui d'ordinaire commencent par des mots comme ceux-ci : « encement », « ci orres », « s'il avient », « bien saches », etc... et qui très souvent se terminent par la phrase : « car ce est droit et raison par la loi et par l'assise dou reaume et Jérusalem ».

Il y a tout lieu de croire que ces chapitres se suivaient

---

1. Quia in venditione et emptione et deposito et in omnibus aliis contractibus testes sunt necessarii idea de testibus titulum premisimus.

2. Ch. 66.

3. Ch. III lire de texte.

4. Revoir les chapitres cités 28 *bis* notes et le passage reproduit p. 29.

les uns les autres sans être séparés par aucune espèce d'en-
tête. Si des intitulés avaient existés dans la leçon originale,
comment expliquerait-on la diversité des rubriques d'un
manuscrit à l'autre et l'identité même des textes des chapitres ? Comment expliquerait-on que des textes qui commencent et se terminent par des formules initiales et finales,
et qui dans un manuscrit sont séparés par des rubriques,
soient au contraire dans un autre complément accolés,
sans aucune espèce de solution de continuité ? Comment
expliquerait-on cette phrase du chapitre 125 de Munich :
« si com est dit desus en l'autre chapitre » qui se rapporte
à la première partie de ce même chapitre 126 (1) ?

Il semble donc que le livre primitif était divisé en titres
latins et rubriques latines et qu'à l'intérieur de ce cadre
latin, les chapitres français se succédaient sans solution de
continuité. Puis les copistes ont plus ou moins complètement supprimés cette division latine, et ils ont donné une
rubrique à chacun des chapitres français. Par là, l'aspect
extérieur du livre a dû être profondément modifié.

B. *Intégralité relative du texte.* — Est-ce à dire que le
fond même de l'œuvre soit profondément altéré, que la
substance même des chapitres s'écarte beaucoup de la
leçon originale ? Il n'y a aucune raison de le supposer. Le
texte du manuscrit de Munich avec ses obscurités et ses
longueurs paraît très près de l'original, le fr. 19.026 parfois clarifie et abrège la leçon de Munich, mais ne s'en
écarte jamais. Le ms. de Venise lui-même ne présente pas
de différences sérieuses. Entre les quelques chapitres de
ms. grecs que j'ai traduit et le cod Gall 51 je n'ai trouvé
aucune différence.

De plus les textes des chapitres de Munich se ressemblent tous par le vocabulaire, le style, et la syntaxe,
tous paraissent appartenir au même auteur, aucune raison
par conséquent de croire à des interpolations (2).

1. Cf. Voir plus haut, page 59.
2. Le ch. 118 de Munich, 114 de Venise et le ch. 84 de Munich, 80
de Venise emploie la forme dialoguée au lieu de la forme impersonnelle des autres chapitres. Cependant tous deux semblent appartenir au même auteur que l'ensemble du livre.

Il n'y a aucune raison non plus de supposer que le livre primitif ait été écrit entièrement en latin et ensuite traduit en français, comme M. Viollet sans l'affirmer « incline du moins à le croire » (1).

Il n'est pas très surprenant qu'en plein moyen âge un auteur tout imbu de droit romain (2) ait imaginé de diviser son œuvre à la romaine, et ait écrit en latin les principaux titres et les principales rubriques de son livre français pour le clarifier et pour lui donner une allure plus scientifique. C'est d'autant moins étonnant que presque tous ces tituli reproduisent et commentent des textes du droit romain ou des Saintes Ecritures (3), c'est-à-dire des textes en latin.

Il serait au contraire très étonnant que le copiste de la leçon de Munich ait traduit tous les chapitres en français pour ne laisser en latin que quelques rares rubriques. Il serait bien peu explicable qu'il ait laissé en latin, les citations latines du corps des chapitres, et qu'il les ait traduites et commentées avec tant de soin dans les chapitres 1, 2, 9, 14, 15, 21, 23, 24, etc., 156 etc... (4). J'incline donc à croire que, dans la leçon primitive, le texte était français, et les divisions latines. Mais il serait bien téméraire d'être absolument affirmatif sur ce point.

Résumé. — Tous les développements qui précèdent peuvent se résumer ainsi :

La leçon originale est perdue.

Le livre primitif était très probablement écrit en français avec des divisions latines.

Les copistes ont presque supprimés ces divisions et ont donné des rubriques à tous les paragraphes.

Par là ils ont profondément modifié l'aspect extérieur

1. Viollet, *Hist. droit civil français*, 3ᵉ édit., p. 170.
2. Voir plus loin, p. .
3. Voir les très nombreuses notes de Beugnot, sous les chapitres latins.
4. Je crois que même dans le ch. 41 les mots et les phrases latines sont les citations de droit romain. Il est certain cependant qu'au premier aspect ce texte peut faire croire à une traduction en français d'un original latin.

du livre, mais le texte lui-même n'est sans doute pas très altéré.

La leçon de Munich est la meilleure.

Dans cette leçon, les chapitres et les rubriques latines et les citations latines qui se trouvent à l'intérieur des chapitres font partie du texte original ; les finales latines au contraire sont des interpolations, ou plus exactement des notes marginales qu'un copiste a introduit par erreur dans le texte.

En utilisant le manuscrit de Munich, mais en le corrigeant des finales latines et en y ajoutant les quelques chapitres qui lui manquent on aura un texte excellent et l'utilité d'une édition critique ne se fait nullement sentir.

LES EDITIONS

Il existe un grand nombre d'éditions.

La traduction italienne a été éditée par Canciani, *Barbarorum leges antiquae tome II.*

Les deux manuscrits grecs de la Bibliothèque nationale ont été édités par Sathas, *Bibliotheca Greca medii aevi* vol. VI.

Zachariae de Ligenthal a publié des extraits du manuscrit grec de Maxima Laura dans *Juris graeci romani delineatio*, p. 137 et suivantes.

Le manuscrit de Venise a été édité en même temps que la traduction italienne par Foucher, *Livre des Assises de Jérusalem*, première partie.

Beugnot a donné une édition prétendue critique. Il a pris pour base la leçon de Venise qu'il a corrigée sans méthode par les variantes des autres leçons. Son texte est certainement plus éloigné de l'original que celui d'aucun des manuscrits. Il est surprenant qu'après avoir déclaré (à tort, je crois) dans son introduction p. LXX que les passages latins du manuscrit de Munich étaient des interpolations grossières, il les ait cependant reproduits presque tous dans son édition.

Kausler (*Livre des Assises de Jérusalem*, 1re partie, Stutgardiae, 1839, 1 vol. in-4) a publié le manuscrit de Munich avec en regard le texte de Venise. Cette édition est excellente, elle nous donne les yeux variantes. C'est évidemment celle-là qu'il convient d'utiliser.

Date du « Livre des Assises des Bourgeois». — D'après le comte Beugnot et la totalité des auteurs, la rédaction du *Livre des Assises des Bourgeois*, serait postérieure à l'année 1173, date de la mort du roy Amaury, et antérieure à l'année 1187, époque de la chute de Jérusalem (1).

Pour établir son *dies a quo* Beugnot s'appuie sur un passage du livre qui parle d'une assise « dou rey Amaury a cui Des face verai merci » (2). Cette formule est évidemment très probante, et elle démontre bien que le livre a été écrit après la mort du roi Amaury. Mais elle ne nous permet pas de savoir si cette mort était alors récente ou déjà ancienne (3).

Pour établir son *dies ad quem*, Beugnot se borne à citer un certain nombre de chapitres (4) où la ville de Jérusalem est mentionnée comme une possession chrétienne, et il en conclut que le livre a été écrit avant la chute de la Ville Sainte en 1187. Pareille déduction est absolument inacceptable. C'est oublier que Jérusalem a été occupée par les chrétiens non pas seulement au XII⁰ siècle (1098 à 1187), depuis la conquête jusqu'aux victoires de Saladin, mais encore au XIII⁰ siècle de 1229 à 1244 (5), depuis le traité de Frédéric II jusqu'à l'invasion des Kharismiens.

Non seulement les chapitres où il est question de Jérusalem ne prouvent pas que le livre fut écrit pendant la première occupation, mais ils nous incitent à croire que l'œuvre date de la seconde. Au XIII⁰ siècle, Jérusalem était la rési-

1. Beugnot, II, p. XVIII.
2. Kausler, ch. 231 ; Beugnot, ch. 238.
3. On pourrait du reste trouver dans le livre même des formules analogues pour parler de rois morts avant Amaury (Cf. p. ex. ch. 235 *in fine* de Kausler, 240 de Beugnot).
4. Ch. 140 de Kausler, 143 de Beugnot, 197 du ms. de Venise, 196 de Kausler, 224 de Beugnot, 221 de Kausler, 226 de Beugnot, 246 de Kausler, 252 de Beugnot.
5. Sauf pendant la très courte irruption des nomades de Malec-Naser Daoud, prince de Karak en 1240.

dence royale, le centre de l'empire. Au xiiᵉ siècle, au contraire, Acre était devenue la capitale du royaume et Jérusalem ne fut plus qu'une ville secondaire (1). Or, le ch. 140 de Kausler, 143 de Beugnot, suppose l'existence à Acre d'un vicomte, c'est-à-dire d'un officier de rang supérieur, tandis qu'à Jérusalem comme à Jaffa, il n'y avait qu'un simple bailli (2).

Il y a déjà là une indication fort précise. D'autres arguments plus sérieux démontrent que le livre a été écrit, non pas au xiiᵉ siècle, mais bien au xiiiᵉ, c'est-à-dire pendant la seconde occupation de Jérusalem entre 1229 et 1244.

La présence du droit romain dans le livre est très caractéristique. Nous avons vu que l'auteur a voulu diviser son œuvre à la romaine. Nous verrons bientôt qu'il a attaché à la raison écrite une importance primordiale, que par elle il a tenté d'expliquer, de légitimer, ou même de corriger toutes les coutumes. Pareille préoccupation toute naturelle chez un juriste du xiiiᵉ siècle serait incompréhensible chez un juriste du xiiᵉ siècle.

Le chapitre 158 du livre, prévoit la rupture du mariage contracté entre collatéraux « el tiers degre ou au cart » (3). Or, cette disposition est en contradiction avec les prescriptions anciennes du droit canonique, en vigueur pendant tout le xiiᵉ siècle, et qui frappaient de nullité les mariages contractés entre collatéraux jusqu'au septième degré (4). Elle est au contraire en pleine conformité avec les décisions nouvelles du concile de Latran de 1215 « prohibitio quoque copulæ conjugalis quartum consanguinitatis et affinitatis gradum de cætero non excedat; quoniam in ulte-

---

1. Ceci ressort très nettement de la lecture de toutes les chroniques et Beugnot apporte lui-même une preuve intéressante, t. I, p. 640, note a.

2. De très nombreuses chartes démontrent que Jérusalem a eu un vicomte pendant toute la première occupation.

3. Beugnot, II, p. 109. Note d. semble voir une contradiction entre ce chapitre et le ch. 156 qui parle d'empêchement au mariage jusqu'au septième degré. Pareille contradiction n'existe pas. Le ch. 156 prévoit des empêchements simplement prohibitifs; le ch. 158 parle d'empêchements dirimants.

4. Voir Esmin, *Le Mariage en droit canonique*, t. I, p. 353 et suivantes.

rioribus gradibus non jam potest absque gravi dispendio hujus modo prohibitio generaliter observari » (1).

Notre livre qui applique les dispositions toutes nouvelles, et qui parurent d'abord un peu hardies (2) du concile de 1215 ne peut être antérieur à l'année 1187, il ne peut qu'appartenir à la deuxième occupation de Jérusalem.

Si le *Livre des Assises des Bourgeois* ne datait pas de la seconde occupation de Jérusalem, comment pourrait-il citer « le livre dou conquest » (3) que les critiques datent du début du xiii⁰ siècle (4) (5).

1. CVIII, X. de Consang, IV, 14. La formule dubitative du livre « el tiers degre ou au cart » s'explique fort bien : le texte même du concile est imprécis, il ne dit pas si la prohibition va jusqu'au quatrième degré inclusivement ou exclusivement. Avant le concile on avait parlé de réduire la prohibition au troisième degré, au xii' siècle on discutait la question de savoir si l'interdiction allait jusqu'au septième degré ou s'arrêtait au sixième. Esmin, 352-3.

2. Esmin, p. 355-6.

3. Ch. 244 de Kausler ; 248 de Beugnot.

4. L'expression « livre dou conquest » sert à désigner la traduction en français des 22 premiers livres de l'*Historia Hierosolymitana* de Guillaume de Tyr écrite en latin et terminée en 1184. Cette traduction paraît dater du début du xiii' siècle. Pour placer le *Livre des Assises des Bourgeois* avant 1187, il faudrait donc contester l'opinion courante sur la date du « livre dou conquest » (Molinier, no 2303), Beugnot se tire de la difficulté en affirmant, sans motif aucun « que l'allusion au livre dou conquest est une interpolation ».

5. Aux arguments donnés ci-dessus on pourrait en ajouter deux autres un peu moins précis.

A) Les ch. 12 et 275 du *Livre des Assises des Bourgeois* reproduisent en abrégeant et en le clarifiant le ch. 24 du *Livre au Roi* qui fut écrit on l'a vu vers l'an 1200. La supériorité de rédaction du *Livre des Assises des Bourgeois* est telle qu'il est impossible de supposer que ce soit le *Livre au Roi* qui ait reproduit le *Livre des Assises des Bourgeois*, mais il se pourrait que l'un et l'autre et indépendamment l'un de l'autre reproduisent un même texte antérieur. On ne saurait donc s'appuyer avec certitude sur cet argument pour dater le *Livre des Assises des Bourgeois*.

B) Les ch. 237 et 238 de Kausler 242 et 243 de Beugnot donnent ce que Heyd appelle le tarif des douanes d'Acre (*Histoire du commerce du Levant*, t. II, p. 665). Or, cet auteur si consciencieux n'hésite pas à considérer ces tarifs comme un document du xiii' siècle, il les cite sans cesse dans son chapitre intitulé : « les Etats Croisés de Syrie pendant le deuxième siècle de leur existence », t. I, p. 366-7, note 3, p. 377, n. 5.

Je trouve même cette formule au t. II, p. 604 : « Aussi longtemps que subsista le royaume de Jérusalem, Acre fut un des principaux

M. Feuillatre dans son excellente étude sur le Retrait lignager a constaté que les dispositions du *Livre des Assises des Bourgeois* en cette matière ne peuvent appartenir qu'au droit du xiii° siècle. Je suis heureux de signaler cette confirmation nouvelle de ma thèse.

Tels sont les divers arguments qui permettent d'affirmer que le *Livre des Assises des Bourgeois* a été écrit pendant la seconde occupation de Jérusalem, c'est-à-dire entre 1224 et 1244.

Peut-on aller plus loin et préciser à quel moment de cette période le livre fut composé? Peut-être.

Le chapitre 267 contient une formule assez étrange : la raison juge que le roi ou le seignor de la terre ou *la dame de la ville.*

Ces mots « la dame de la ville » ne s'expliqueraient guère, si le livre n'avait pas été écrit par un habitant de cette ville, dont le sire aurait été une dame.

Or le livre, nous le savons d'autre part, par le chapitre 237 et 238, fut écrit pour Saint-Jean d'Acre. De plus, au xiii° siècle les chroniques appellent couramment Acre la ville.

De 1229 à 1243, Acre dépendit nominalement de Conradin et de Frédéric II, et fut en fait gouverné par une commune. Mais le 5 juin 1243, les hommes de la haute cour d'Acre, les bourgeois de la commune d'Acre et quelques dignataires ecclésiastiques proclamèrent à Acre la reine Alice régente du royaume (1).

Il semblerait donc que le *Livre des Assises des Bourgeois* ait été écrit entre ce 5 juin 1243 et juillet 1244, époque de la chute de Jérusalem. Cependant le texte sur lequel

marchés pour cet article (le clou de girofle) » et pour appuyer cette affirmation, Heyd renvoie au chapitre 242 du *Livre des Assises des Bourgeois.*

On ne saurait évidemment tirer de tout ceci une démonstration scientifique. Il est cependant intéressant de constater qu'un auteur aussi consciencieux et aussi savant que Heyd utilise deux chapitres du *Livre des Assises des Bourgeois*, comme un document du xiii° siècle.

1. De Mas Latrie, *Hist. de l'Ile de Chypre*, t. I, p. 325, *Gest. des Chyprois*, éd. Raynaud, p. 129-130.

s'appuie cette déduction n'est pas assez précis pour permettre d'être affirmatif.

Bornons-nous à dire que le *Livre des Assises des Bourgeois* a été écrit pendant la seconde occupation de Jérusalem, c'est-à-dire entre 1229 et 1244.

III. — Le livre de Philippe de Novare

Philippe de Novare nous apprend lui-même qu'il a écrit trois livres : d'abord ses mémoires, puis le livre de forme de plait ou livre à un sien ami, enfin les *Quatre âges de l'homme.*

Quand il a écrit ce dernier ouvrage, Philippe avait plus de 70 ans et, d'après Langlois, il donnait des signes de sénilité.

Le livre de forme de plait qui seul nous intéresse ici, nous a été conservé par deux manuscrits :

Le fr. 19026, fol. 29 et 30 pour les 53 rubriques ; fol. 235 à 264 pour le texte.

Le fr. 12206, fol. 205 à 271.

COMPARAISON ENTRE LES DEUX MANUSCRITS

Les deux manuscrits diffèrent :

Par l'étendue : le fr. 19026 est incomplet, le fr. 12206 contient au contraire des matières qui ne font pas partie du livre à un sien ami.

Par le nombre des chapitres.

Par l'ordre des chapitres.

Malgré ces différences ces deux manuscrits se ressemblent beaucoup puisque le texte des chapitres communs est semblable et qu'ils procèdent d'un ancêtre commun.

LES DIFFÉRENCES

Différence dans l'étendue. — Le français 19026 est incomplet.

Ce manuscrit commence comme le fr. 12206 (1) par un

1. Et comme l'éd. Beugnot, t. I, p. 475-476.

prologue, mais il contient en tout et pour tout 53 chapitres, et il se termine brusquement au milieu du fol. 264 par un chapitre relatif à la paie des chevaliers fieves (1). Ce chapitre est suivi de ces mots : « Ici finissent les assises de Philippe de Novare du royaume de Jérusalem ».

Malgré cette affirmation du copiste, il est incontestable que ce manuscrit est incomplet. Dans les *Quatre âges de l'homme* (2) Philippe de Novare nous dit qu'au début et à la fin de son livre de forme de plait, il s'excusait d'écrire un traité sur l'art de plaider. Cette excuse nous la trouvons bien au chapitre 1, mais nous ne la trouvons pas après le chapitre 59 et cette constatation suffirait à prouver que le ms. 19026 ne contient pas l'intégralité du livre à un sien ami.

Au contraire le ms. 12206 contient d'autres matières que le seul livre à un sien ami.

Outre le prologue qui contient cette formule initiale d'excuse, et qui dans le fr. 19206 forme le ch. I, notre manuscrit contient quatre-vingt-neuf chapitres. Or, le 79ᵉ chapitre est évidemment la fin du livre à un sien ami. C'est évident d'abord parce que ce chapitre 79 (3) est précisément cette formule d'excuse par laquelle Philippe terminait son livre de forme de plait, ainsi qu'il le dit dans ses *Quatre âges de l'homme* ; c'est évident surtout parce que ce chapitre 79 s'achève ainsi :

Philippe de Novare qui tout ce a esclarzi et devisé à bone fei, prie tendrement à tous ceuus qui cest escrit veront et orront, que il prient à nostre seignor Jésu Crist que il par sa misericorde et sa grâce conduise...

Il est manifeste que les 10 chapitres suivants ne peuvent pas faire partie du livre primitif à un sien ami. Ce sont d'autres œuvres de Philippe distinctes de son livre, et qui n'y ont été ajoutées qu'après coup. Ce que sont ces dix chapitres, nous le verrons plus tard. Retenons seulement qu'ils ne peuvent pas faire partie du livre à un sien ami.

Nombre de chapitres. — Dans la partie commune aux

1. Le ch. 58 de l'éd. Beugnot.
2. Ed. Fréville, p. 122-123.
3. Reproduit intégralement par Beugnot, ch. 94, p. 571.

deux manuscrits le nombre des chapitres n'est pas identique.

Le fr. 19026 contient en dehors et en plus du fr. 12026 5 chapitres, les cinq derniers (1) et par contre le fr. 12206 contient en dehors et en plus du fr. 19026 deux chapitres, les ch. 47 et 48 (2).

Il n'y a aucune espèce de raison de voir dans les chapitres propres au fr. 19026 des interpolations. Mais il est assez facile de s'expliquer que le copiste du ms. 12206 ait ugé inutile de les reproduire.

Le ch. 49 (54 de Beugnot) examine une matière très courante et universellement connue ; le ch. 50 (55 de Beugnot) parle d'une assise « dont nos usons tozjours si souvent que chascun le doit savoir ». Enfin, les trois autres chapitres (3) traitent de questions étudiées par Jean d'Ibelin ou reproduisent le texte même du Livre au Roi.

Aucun de ces cinq chapitres ne pouvait donc présenter d'intérêt pour les praticiens du xive siècle. Rien donc de surprenant à ce que le copiste du ms. 12206 ait négligé de le reproduire.

L'absence dans le fr. 19026 des deux chapitres 46 et 48 du fr. 12206 peut s'expliquer de la même façon. Tous deux rappellent des souvenirs personnels à Philippe de Novare. Tous deux n'ont évidemment pu être écrits que par l'auteur lui-même. Mais ils ne formulent aucune espèce de règle juridique, ils n'avaient donc aucun intérêt pour les praticiens de Syrie ou de Chypre.

Ordre des chapitres. — Les deux manuscrits se distinguent surtout par l'ordre des chapitres. On peut relever entre eux, quatre interversions :

I. — Les ch. 21 et 22 du fr. 19026 constituent le ch. 15 du fr. 12206 et le chapitre 23, le ch. 16 du fr. 12206. Ces

---

1. Ce sont les ch. 49, 50, 51, 52, 53 du ms. reproduits par Beugnot sous les nos 54 à 58.

2. Reproduit par Beugnot sous les nos 47 et 48 ; je ne parle bien entendu pas des 36 derniers chapitres du fr. 12206 qui ne sauraient se trouver dans le fr. 19026, puisque ce manuscrit est incomplet ; je ne parle que de la partie commune aux deux codex.

3. Ce sont les chapitres 46, 47, 48 de Beugnot.

trois chapitres 21, 22 et 23 au lieu d'être placés dans Beugnot, après le ch. 14 et à la page 489 auraient été placés après le ch. 25 et à la page 499 si cet éditeur avait suivi l'ordre du fr. 19026.

II. — Le ch. 27 du fr. 19026 forme le début du ch. 32 du fr. 12206 et de l'édition Beugnot ; le ch. 28 forme la suite du ch. 32 et la totalité des ch. 33, 34, 35 et 38 du fr. 12206 et de l'éd. Beugnot.

Alors que les matières qui constituent les ch. 35 et 38 de l'édit. Beugnot se suivent sans solution de continuité dans le ms. 19026, dans le fr. 12206 au contraire, elles sont séparées par deux chapitres les 36 et 37. Ces deux chapitres existent bien aussi dans le fr. 19026, mais ils y viennent après la fin du ch. 28 qui constitue les ch. 35 et 38 du fr. 12206 et ils y portent les n° 29 et 30.

III. — Le ch. 33 du fr. 19026 constitue le ch. 22 du fr. 12206 au lieu d'être placé après le ch. 21 p. 195 de Beugnot, il serait placé après le ch. 40, p. 517, si l'éditeur avait suivi l'ordre du fr. 19026.

IV. — Les ch. 34, 35, 36 de fr. 19026 constituent les ch. 29, 30 et 31 de 12206. Ils devraient se trouver après le ch. 32 (1) de Beugnot page 517 si cet auteur avait pris le ms. 19026 pour base de son édition.

Les première et troisième interversions n'appellent aucune remarque. A la quatrième interversion l'ordre du fr. 12206 paraît préférable à celui du fr. 19026.

Au chapitre XLIII de l'édition Beugnot et du fr. 12206 (ch. 39 du fr. 19026) Philippe s'exprime ainsi : « Vous avez oï comment et de quoi les homes pevent conjurer le seignor et coment ils pevent conjurer lors pers, après orres... » Cette phrase est en parfait accord avec les matières qui précèdent telles qu'elles sont groupées dans le fr. 12206 et l'éd. Beugnot ; elle s'accorde moins bien avec les chapitres précédents tels qu'ils se présentent dans le fr. 19026 (2). Cependant il n'y a pas contradiction formelle et on ne sau-

1. Et 33 voir interversion précédente.
2. Les ch. qui précèdent dans le fr. 19026 sont les ch. 42, 41, 31, 30, 29, 22, 40, 39, 37, 36, 35, 34, 33, 32 de Beugnot.

rait affirmer que l'ordre des chapitres est primitif dans le premier manuscrit et qu'il a été altéré dans le second.

Il n'en est pas de même pour la seconde interversion. Ici la supériorité du second manuscrit, du fr. 19026, est certaine.

C'est à tort que le ms 12206 fractionne dans les ch. 32, 33, 34 et 35 les matières groupées par le fr. 19026 en un seul chapitre 28. On lit en effet au ch. 35 de fr. 12206 dans la seconde moitié du ch. 28 de fr. 19026 cette phrase :

« Si com est dit au commencement ».

Or ce commencement, le contexte le prouve, c'est le début du ch. 28 du ms. 19026, les ch. 32 et 33 de fr. 12206.

Cette petite phrase démontre que, dans la leçon originale, les matières fractionnées en plusieurs chapitres dans le ms. 12206 étaient groupées en un seul chapitre comme dans le ms. 19026.

C'est à tort également que le ms. 12206 a intercalé entre les matières, qui constituent les chapitres 35 et 38 et qui constituent sans aucune solution de continuité la dernière partie du ch. 28 du ms 19026, deux chapitres : les ch. 36 et 37 qui se retrouvent également dans le manuscrit 19026, mais qui là viennent après le ch. 28 (c'est-à-dire séparés par le ch. 38 du ms 12206 et de l'éd. Beugnot) et qui y portent les n° 29 et 30.

A la fin du ch. 28 du ms. 19026 au début du ch. 38 de 12026, c'est-à-dire, d'après l'ordre du fr. 19026, avant de s'occuper des matières qui constituent les ch. 29 et 31 du ms. 19026 et les ch. 36 et 37 du ms. 12206 ; et au contraire d'après l'ordre de fr. 12206 immédiatement après avoir traité de ces matières, Philippe s'exprime ainsi :

« Tout ce qui est desus écrit des conjurements que les homes font des Seigneurs dou fait de lours fiés et de la force de toute les paroles desus dites devisa et dist le preudome monseignor de Baruth le Vieill. »

Pareille phrase se concilie admirablement avec le texte du fr. 19026. Elle est absolument inexplicable avec l'ordre du ms. 12206.

Au ch. 36 (1) en effet, le ms. 12206 parle d'une *autre* manière

1. Qui est également le ch. 36 de Beugnot.

de conjurer son seigneur que Philippe estime « moult mauvai et outrajeus ». Et Philippe n'aurait certainement pas trouvé mauvaise et outrageuse une procédure recommandée par le vieux sire de Beyrouth, son seigneur vénéré et l'oncle de Jean d'Ibelin auquel était dédié le livre.

Ensuite et surtout le ch. 37 traite du cas où un homme lige menacé par un pair demanderait protection. Cette hypothèse est manifestement en dehors du cas qui est visé par le passage reproduit plus haut et qui est traité par tout le ch. 38 du ms. 19026.

On peut donc affirmer que le manuscrit 19026 a eu raison de grouper en son seul ch. 28 les matières traitées dans les ch. 32, 33, 34, 35, et 38 du fr. 12206 et qu'il a eu raison encore de placer après ce ch. 28 les matières intercalées par le fr. 12206 dans ses ch. 26 et 27 (1).

LES RESSEMBLANCES

Texte semblable. — Si ces deux manuscrits diffèrent par le nombre et l'ordre des chapitres, ils se ressemblent beaucoup par le texte même des chapitres. Ici les différences sont insignifiantes et aucune ne mérite d'être relevée dans une étude critique.

Ancêtre commun. — Les deux manuscrits procèdent d'un ancêtre commun. Au ch. 29 du fr. 12206 on lit cette phrase : « ... par les raisons qui sont dites (corrigende là où l'en me fist les questions) ». Au ch. 34 correspondant du fr. 19026 on lit ceci : « ... par les raisons qui sont dites là où l'on me fist les questions (2) ».

Il y a évidemment là, malgré quelques différences, la re-

---

1. On peut affirmer de plus que, à tout le moins pour cette interversion, Beugnot a eu tort de suivre l'ordre du ms. 12206 au lieu d'adopter celui du ms. 19026. Sur ce point particulier la supériorité du ms. 19026 est certaine, mais rien ne démontre que pour les trois autres interversions encore ce ne soit pas sa façon qui soit la bonne. Il semble donc que Beugnot aurait mieux fait de prendre l'ordre des ch. du ms. 19026 pour base de son édition.

2. Voir Beugnot, p. 503.

production d'une même particularité, et c'est dire que les deux manuscrits procèdent d'un ancêtre commun.

ETABLISSEMENT DU TEXTE

Mais cette particularité elle-même est assez difficile a expliquer. On peut noter d'abord que la formule du ms 12206 plus obscure en apparence, mais moins complètement en désaccord avec le contexte, est vraisemblablement la plus voisine de l'originale. On peut noter aussi que sous l'une ou l'autre forme cette phrase incidente emploie le style direct personnel, qu'elle paraît émaner, non pas d'un copiste, mais bien de l'auteur, de Philippe de Novare lui-même. Ces deux observations n'éclairent pas le problème. Pour le résoudre il faut rechercher : d'abord quelles sont ces questions dont parle Philippe, puis ensuite pourquoi il en parle.

Quelles sont ces questions ?

Dans le manuscrit 12205, le livre à un sien ami se termine au chapitre 79 et il est suivi de 10 chapitres qui traitent de matières diverses. Ces dix chapitres ne seraient-ils pas les textes de réponses faites par Philippe de Novare à des questions que lui posaient des plaideurs embarrassés ? (1)

Cette hypothèse n'est contredite par aucun de ces dix chapitres et elle est expressément confirmée par l'un d'eux, le chapitre 89 et dernier qui s'exprime ainsi :

« Le Viel Philippe de Novaire respont à aucunes en questions qui furent faites, et ce forte choze li semble à dire en son avis et raison par quei : car les us et les assises dou reaume de Jérusalem ne sont escrites ne canonizies ne auctorizées par acort, ne se furent puis que la terre fu perdu. Mais avant estoient-elle écrites et gardées au Sépulcre séélées de plusours seaus et les apeloie l'on les lettres dou Sépulcre. Et bien est vrai *que je* et autres en *avons*

---

1. C'était l'habitude particulièrement en Syrie de demander une consultation aux juristes célèbres.

fait plusieurs livres... et toutes vois *dirai* mon avis de ce dont *j'ai esté requis...* » (1)

Ce passage démontre que Philippe de Novare répond à des consultations, que ces consultations ont été rédigées après qu'il avait écrit au moins un livre de droit, que ces réponses ne font pas partie de ce livre (2).

Pourquoi Philippe de Novare parle-t-il de ces questions ? C'est assez malaisé à expliquer. Le ch. 79 se termine par cet explicit :

« Phelippe de Novarre qui tout ce a esclairci et devize a bone fei, prie tendrement à tous ceaux qui cest escrit veront et orront que il prient a nostre Seignor Jésu Christ que il, par sa miséricorde et sa grâce, conduise ses seigneurs et ses amis et lui meisme et tous chrestiens à vraie repentance et à dreite confession a parfaite repentance et à honorable fin et nomeiement Jehan le Petevin qui l'escrit. *Amen.* »

Voilà ce qu'on lit dans le chapitre 79 du ms. 12206 qui, sans solution de continuité, est suivi de 10 autres chapitres.

Pourquoi le copiste du fr. 12206 aurait-il reproduit intégralement un ms. de Jean le Petevin qui contenait uniquement le livre à un sien ami, et pourquoi aurait-il ajouté les dix chapitres de questions ? Pourquoi trouvons-nous dans le dernier chapitre des questions cette forme personnelle : « Je et autres avons fait plusieurs livres... et toute vois dirais-je mon avis de ce dont j'ai esté requis » ? Pourquoi au milieu même du livre à un sien ami, dans cette phrase incidente citée plus haut, retrouve-t-on encore cette même forme personnelle « corrigende là où l'on *me* fist les questions » ?

La première de ces phrases est placée dans un chapitre qui ne fait pas partie du livre à un sien ami, la seconde,

---

1. Ms. 12206, ch. 89, Beugnot, ch. 66.

2. Répéter une fois encore que les 79 premiers chapitres contiennent bien le livre à un sien ami et le contiennent dans son intégralité est inutile. Le ms. 12.206 commence ainsi : « Ici orres le livre de forme de plait que Sire Phelippe de Novaire fist pour un sien ami aprendre et eseigner coument on doit pleidoier en la haute court. » Le prologue et le chapitre 79 contiennent ces formules d'excuse dont parle Philippe dans les *Quatre âges de l'homme.*

quoique placée au milieu du livre, ne peut pas appartenir a la rédaction primitive et pourtant toutes deux semblent bien émaner de Philippe de Novare lui-même (1), et pourtant le fr. 12206 reproduit très certainement un manuscrit du livre à un sien ami écrit par Jehan le Petevin.

Pourquoi aux 3e et 7e chapitres de ses questions Philippe renvoie-t-il à son livre à un sien ami ?

Peut-être avant de mourir Philippe de Novare a-t-il eu l'intention de refondre son livre à un sien ami, d'y ajouter le texte de quelques consultations et de refaire du tout une œuvre nouvelle. Peut-être Philippe a-t-il utilisé comme une sorte de brouillon de son œuvre nouvelle un manuscrit du livre à un sien ami écrit par Jean le Petevin qu'il aurait raturé et corrigé. Ce n'est qu'une hypothèse. Mais cette hypothèse a, du moins, le mérite de tout expliquer. La difficulté matérielle que présente la lecture d'un brouillon permettrait encore de comprendre cette si étrange différence dans l'ordre et dans le nombre des chapitres entre les deux manuscrits 12206 et 19026 qui procèdent pourtant d'un ancètre commun. Elle expliquerait également la présence au ch. 27 du fr. 19026 d'une phrase littérale du ch. 13 du fr. 12206 (2).

Enfin cette hypothèse donnerait un sens à ce passage du ms. italien 29 (3) : « si trova una altra operetta composta da uno cavaglier ms. Philippo de Novarre... DOVE E INSERTO TUTTO QUELLO CHE SCRISSE EL DITTO PHILIPPO DE NAVARRA »(4).

Ce n'est encore une fois qu'une simple conjecture, mais elle permet d'expliquer toutes les difficultés et il serait peut-être bon de l'accepter provisoirement jusqu'à ce que la découverte de quelque manuscrit nouveau vienne ou l'infirmer ou la confirmer.

1. Philippe de Novare, ch. LXXVI, de Beugnot, ch. I", tiré aussi, dit ailleurs (au ch. XIII), ch. LXXVIII (de Beugnot) par la raizon qui est escrite en autre leu (ch. X).

2. Cf. Beugnot, ch. 13 *in fine* et ch. 28 *in fine*.

3. Fol. 9.

4. Il faut noter que l'auteur du ms. italien 29 a visé certainement les mss. qui ont servi de base à la traduction italienne, c'est-à-dire le ms. de Venise dont le fr. 12206 est une copie figurée ou trois autres manuscrits du même type.

Conclusions. — Si l'on voulait bien accepter l'hypothèse que nous avons formulée plus haut on conclurait ainsi :

Nous ne possédons pas le livre à un sien ami sous sa forme originale.

Le ms. 12206, et (dans la partie qu'il contient) le ms. 19026 donnent un texte du livre à un sien ami revu et corrigé par Philippe lui-même pour servir de base à une œuvre nouvelle plus étendue.

Le ms. 12206 reproduit à la suite du livre de forme de plait quelques consultations juridiques de Philippe de Novare.

LES ÉDITIONS

Il n'existe qu'une seule édition du livre de Philippe de Novare, celle de Beugnot, *Assises de Jérusalem*, t. I, p. 469 à 581.

Cette édition est extrêmement défectueuse. Elle présente deux défauts.

Le premier n'est pas très grave. Beugnot a pris pour base le ms. 12206 dont le texte est bon, meilleur peut-être que celui du fr. 19026, mais l'ordre des chapitres de ce dernier semble parfois préférable. La seconde au moins des quatre interversions du manuscrit 12206 est certainement défectueuse, ainsi que nous l'avons vu plus haut.

L'éditeur aurait été bien inspiré de grouper en un seul chapitre les matières contenues en ses chapitres 32, 33, 34, 35 et 38 et de placer après ce chapitre unique ses chapitres 36 et 37.

La seconde faute de Beugnot est beaucoup plus grave. Il n'a pas vu que le chapitre 79 du ms. 12206 était la fin livre à un sien ami et que les dix chapitres suivants ne faisaient pas partie du livre. Il a cru à une fantaisie du copiste et il a intercalé de la façon la plus arbitraire ces dix chapitres dans le corps du livre (1). Par là

1. Voici du reste ce que dit Beugnot, t. I, p. 525, note 1 :

« L'ordre des chapitres étant tellement interverti dans le ms. de Venise (12206) que le dernier celui qui est terminé par une note du copiste et par le mot *amen*, se trouve être le 79, nous avons cru devoir disposer les chapitres suivants d'une manière plus régulière en ayant soin de rappeler les numéros du ms. de Venise. »

la physionomie du livre est profondément altérée (1).

Ces interversions toutes fantaisistes et absolument in-justifiées ont complètement déformé la physionomie de l'œuvre.

Patrie du livre à un sien ami. — Le livre à un sien ami a certainement été écrit pour Chypre et non pas pour la Syrie : au chapitre IX Philippe de Novare prévoit un délai de quinze jours seulement pour faire citer un garant qui se trouve en Chypre, alors qu'il accorde un délai de quarante jours en été, trois mois en hiver pour faire citer un garant qui se trouverait en Syrie.

Cependant Philippe tenait à ce que son livre puisse être utilisé dans les deux royaumes et à l'occasion il signale les quelques différences qui pouvaient exister entre les usages des deux pays (2).

Date du livre à un sien ami. — Le livre à un sien ami ne peut pas être exactement daté.

On peut fixer aisément le *dies ad quem*. Le livre a été écrit du vivant du roi Henri, puisque partout Philippe de Novare parle de ce roi comme d'un personnage vivant : « Le seignor et nos avons juré les assises » dit-il au chapitre 47. On pourrait multiplier les exemples. Le roi Henri étant mort en 1257, le livre est forcément antérieur à l'année 1258.

Mais on ne peut que très approximativement indiquer le *dies aquo*. Dans les « quatre âges de l'homme » (3), Phi-

1. Le numéro 80 de 12206 est devenu 63 de Beugnot.

81	48
82	77
83	89
84	65
85	90
86	76
87	64
88	78
89	66

2. Philippe de Novare, ch. XXIX, p. 504.
3. Edition Fréville, P.

lippe de Novare nous dit qu'il écrivit d'abord ses mémoires, puis ensuite le livre de forme de plait. Or, il n'a
pas pu écrire ses mémoires beaucoup avant l'année 1252 (1).

1252 environ et 1257 tels sont donc les deux termes
entre lesquels il convient, semble-t-il, de placer la rédaction du livre à un sien ami.

Mais, si on veut bien admettre l'hypothèse formulée plus
haut (2), les réponses aux consultations et les corrections
apportées au Livre de Forme de Plait seraient postérieures.
L'œuvre juridique de Philippe de Novare, telle qu'elle se
présente à nous dans nos deux manuscrits, aurait été
réfondue après les Quatre Ages de l'homme et précéderait
sans doute de peu la mort de l'auteur. Sous sa forme actuelle elle serait peut-être postérieure au livre de Jean
d'Ibelin, qui cependant a utilisé le livre à un sien ami.

IV. — Le livre de Jean d'Ibelin

De tous les livres des Assises de Jérusalem, celui de
Jean d'Ibelin est de beaucoup le plus important. C'est
celui qui a eu le plus grand succès et la plus grande autorité.

En 1369, après l'assassinat de Pierre Ier, la communauté
des liges chypriotes fit faire une rédaction officielle du
« livre des Assises de la Haute Cour » et en 1531, la république de Venise ordonna qu'on le traduisît en italien.

Le livre de Jean d'Ibelin a donc eu trois états :

1. La traduction italienne de 1531.
2. La rédaction officielle de 1369.
3. La leçon primitive.

---

1. On y lit en effet cette phrase : « Messire Jean d'Ibelin qui puis
fu comte de Japhe. » Philippe de Novare, mémoires. éd. Kohler, ch. 41,
p. 24. Or Jean d'Ibelin n'a pas dû devenir comte de Jaffa beaucoup avant 1252, puisque c'est cette année-là que le pape Innocent IV
lui confirma la donation du comté de Jaffa (De Mars Latrie, t. II, p. 66,
t. III, p. 649-50. Cf. rei famille d'outre-mer, p. 348. Mais c'est une date
très approximative. Dans une charte de 1247, Jean d'Ibelin s'intitule
déjà comte de Jaffa (*Röhricht regesta*, n° 1149).
2. Page 78.

M. Grandclaude   6

Des Manuscrits

Du livre de Jean d'Ibelin il existe à Paris huit manuscrits :

1. Le ms, italien 28, fol. 1 à 8 : les rubriques ; fol. 12 à 150 : le texte en 173 chapitres.
2. Dupuy 652.
3. Fr. 1077.
4. Fr. 1078.
5. Sainte Geneviève, I, 370.
6. Fr. 12206, fol. 3 à 11 : rubriques ; fol. 1 à 175 : livre.
7. Fr. 19026, fol. 17 à 28 : rubriques ; fol. 33 à 221 : texte.
8. Fr. 19025.

Grâce à ces manuscrits nous pouvons retrouver les trois états du livre de Jean d'Ibelin.

I. — *La traduction italienne*

La traduction italienne nous a été conservée par le ms. italien 28 qui fait pour le livre de Jean d'Ibelin le pendant du ms. italien 29 pour le livre des Assises des Bourgeois. Comme lui, il semble être une copie absolument fidèle des originaux (1). L'établissement du texte ne saurait donc présenter aucune espèce de difficulté.

Edition. — Canciani a donné une édition correcte de cette traduction dans son *Barbarum Leges antiquæ*, t. V. Il n'a fait que reproduire le ms. italien 28 (2).

Beugnot signale une édition incunable du xviᵉ siècle que je n'ai pu retrouver.

II. — *La traduction officielle de 1369*

Nous possédons également la rédaction officielle de 1369.

Les ms. Dupuy 652, fr. 1077, et tous les manuscrits qui

---

1. Voir fol. 9 à 11 qui reproduisent tous les actes officiels qui ont précédé et accompagné l'établissement de la traduction.

2. Cependant l'édition contient une traduction du procès-verbal de 1369 qui ne se trouve ni dans le ms. italien 29 ni dans le ms. de Venise qui a servi de base à la traduction italienne.

procèdent, ainsi que nous l'avons vu, du ms. de la bibliothèque vaticane, contiennent le procès-verbal de la séance
du 13 janvier 1369 dans laquelle les liges décidèrent de
faire une rédaction officielle du livre de Jean d'Ibelin. Ils
contiennent ensuite la table des matières, le livre lui-même
de Jean d'Ibelin et le livre complet des Lignages d'outre-
mer.

Parmi les chapitres du livre de Jean d'Ibelin se trouvent
des textes qui manifestement ne font pas partie de la leçon
primitive. Ce sont par exemple une assise de 1310 (1), une
de 1350 (2), de 1362 (3), d'autres encore, les plaidoiries du
roi Hugues et du comte de Brienne (4), une connaissance
du roi Hugues de 1328 (5), des passages de Philippe de
Novare ou du *Livre des Assises des Bourgeois* (6).

Le procès-verbal de 1369 et ces additions ont surpris
Beugnot qui n'y a vu que des interpolations et qui a estimé
la leçon de ces ms. détestable.

Il me semble cependant que cette déclaration de 1369
est comme l'acte de naissance de cette leçon. N'avons-nous
pas là tout simplement une reproduction de la rédaction
officielle du livre de Jean d'Ibelin telle qu'elle fut ordonnée
par les liges? L'adjonction au livre de ces textes divers, de
ces assises postérieures, de la connaissance du roi Hugues,
de la délibération des liges, mais ce sont précisément les
additions au livre de Jean d'Ibelin qui ont été voulues et
ordonnées par la communauté des liges.

Voici en effet comment se termine le procès-verbal.

« Et sur ce Monseignor le baill fit recouvrer la plus grant
partie des livres des assises les plus vrais que le conte bt
fait, et en la présence des avant només furent corrogés, et
chilurent le plus vrai livre des assises et fu contre escrit, et
mis les ordenances susdites que les hommes liges ont fait,
et la connoissance que fu faite par le roi Hugues et les
autres assises et autres qui furent faites au tens passé lequel

1. De la Thomassière, p. 208.
2. De la Thomassière, p. 211.
3. *Ibid.*, p. 214.
4. *Ibid.*, p. 195 et suivantes.
5. *Ibid.*, p. 209.
6. Beugnot, I, p. lxxxiii.

livre et ordenances et connoissances et assises le dit Monseigneur le bail jura... » (1)

Ce texte si précis suffirait à emporter la conviction. Il est
encore confirmé par un passage du ms. italien 1496 :

« Il est à noter que le livre qui est à présent en la bibliothèque vaticane n'est pas este fait du temps des sus-
nommés rois, mais longtemps après, c'est à savoir de
l'an MCCCLXVIII lorsque par la mort du roy Pierre
quinziesme roy latin de Jérusalem et de Chypre par commun accord des homes liges du royaume... » (2)

Edition. — L'édition de la Thaumassière reproduit le texte
de cette traduction officielle avec une correction très suffisante, elle a donc un très réel intérêt.

III. — *La leçon originale*

La leçon originale est la plus malaisée à connaître. Pour
la retrouver, il ne nous reste que trois manuscrits (3).

Le Fr. 19026.

Le Fr. 12206.

Le Fr. 19025.

Comme l'a parfaitement remarqué Beugnot, les ms. 12206
et 19026 se ressemblent extrêmement. Ils sont à peu près
contemporains. Ils donnent les mêmes extraits du livre des
lignagnes d'outre-mer (4). Ils contiennent presque le
même nombre de chapitres (5). Il n'existe entre les deux
ms. que des différences insignifiantes (6).

Leur leçon diffère profondément de celle des ms. du
type précédent. Elle ne contient ni la déclaration de 1369

1. Edition La Thomassière, fin de la préface.
2. Ms. italien 1496, folio 39. Nous n'avons pas signalé ce ms. du
xviii siècle parce qu'il ne contient que quelques extraits des *Assises
de Jérusalem*, folio 1 à 56.
3. Ce n'est pas à dire que les ms. des deux types décrits précédemment ne puissent servir à retrouver la leçon originale.
4. Voir l'édition Beugnot, t. II, p. 437 et suivant. Cette édition est
très défectueuse, elle permet cependant de se rendre compte de
l'identité des deux leçons.
5. 273 ch. ou plus exactement 272 car le ch. 273 est en réalité le
ch. 1 des lignages d'outre-mer, dans 12206 ; 274 ch. dn. 19026.
6. Il suffit pour s'en rendre compte de regarder les variantes de
l'édition Beugnot qui a pris pour base 12206.

ni les assises postérieures, ni aucune de ces additions diverses. Par là elle se rapproche évidemment de l'original. Mais elle se distingue très nettement de la leçon du fr. 19025.

Ce dernier ms. n'est pas daté, mais il semble remonter à la fin du xiii° siècle. C'est donc le plus ancien de tous ceux que nous possédons, et il n'est postérieur que de vingt à trente ans à l'apparition du livre de Jean d'Ibelin.

Il contient uniquement le livre de Jean d'Ibelin, sans bien entendu la déclaration de 1369 ni le ch. 273 de Beugnot (1). Mais il est absolument complet, ici le livre a des rubriques, mais les chapitres ne sont pas numérotés.

Signaler toutes les différences de détail existant entre le ms. 19025 et les deux ms. de la famille précédente qui ont servi de base à l'édition Beugnot serait fastidieux et inutile. Qu'il nous suffise d'indiquer les plus importantes et les plus caractéristiques.

Ce livre débute par cette formule : « C'est le prologue de ces livres qui est des assises et des usages et des plais de la haute Cour dou réaume de Jérusalem, et quel prologue est divisé coument les assises dou reiaume furent faites et les cours et les usages qui sont establis. »

Puis viennent les matières contenues dans les ch. 1, 2, 3, 4 et 5 de Beugnot. Ensuite au folio 5 se trouve cette formule « Ci fine le prologue dou livre des assises et des usages et des plais dou réiaume de Jérusalem et comehce le livre ».

Il est tout à fait certain que c'est le ms. 19025 qui a raison. Cette phrase qui termine le prologue de notre ms. (2) et qui se retrouve au ch. V des autres ms. (3) ne peut qu'être la fin d'une préface de l'auteur qui annonce son livre.

Une preuve plus nette encore est fournie par ce passage du ch. 273 du fr. 12206 est de l'édition Beugnot :

« Vos avez oy dessus les assises et les usages dou réiaume

---

1. Et de fr. 12206 qui est en réalité le ch. 1 des lignages d'outre-mer.

2. Reproduit par Beugnot, p. 28, note 17.

3. Beugnot, p. 28.

de Jérusalem, lesquels commença premièrement Godefroi de Buillon qui fut le premier roi de Jérusalem, mais ne vost oncques porter corone, ci come il le contient ou *prologue* de cest livre (1) ».

Voilà donc un premier point établi.

Le ms. 19025 seul contre tous les autres a un prologue, puis le livre lui-même, et sur ce premier point il a certainement raison contre tous les autres.

Les ch. 6 et 7 de l'édition Beugnot relatifs au couronnement du roi manquent dans le ms. 19025. Est-ce que notre ms. est incomplet ? Est-ce qu'au contraire les autres ms. sont interpolés ? Il est impossible d'être absolument affirmatif, mais cependant la seconde hypothèse paraît la plus vraisemblable.

Le fr. 12206 folio 174-177 nous a conservé une pièce relative au bail et à l'obligation pour les liges de confier le baillage à l'un d'eux quand « il n'y a parent ni parente qui atient az enfanz de là où le réiaume muet » (2). Cette pièce qui émane certainement de Jean d'Ibelin (3) paraît avoir été écrite vers 1258-1259 (4) c'est-à-dire avant le livre

---

1. Beugnot, p. 428. Il est en effet question de cela au prologue du livre, cf. Beugnot, p. 22.

2. Beugnot, II, p. 398.

3. La disposition matérielle du ms. suffirait à le démontrer mais il y a des preuves beaucoup plus sûres. Dans cette note l'auteur parle de « ma cosine la royne Aalis » de « mon cosin le sire de Césaire » de « mon oncle le sire de Beyrouth ». Il dit qu'après que les liges eurent une première fois retiré le baillage au sire d'Arsur, il lui fut confié à lui-même » puis i fuis ge por eaus. Si os a besoignier « à Japhe contre les ennemis de la foi ». Ces indications généalogiques et personnelles rendent l'identification absolument certaine.

4. Elle n'a pu être écrite qu'après que le sieur d'Arsur fut nommé baill pour la troisième fois en 1257 (voir la fin de la note Beugnot, t. II, p. 401). Elle semble être une sorte de consultation écrite et paraît viser un cas concret et actuel. Je suppose qu'elle a été rédigée après la mort du sire d'Arsur décédé en 1258 et avant qu'en 1259 la communauté des liges confie le baillage à l'un d'entre d'eux, à Geoffroy de Sargines. Notons que ce choix n'était pas pour déplaire au comte de Jaffa, Geoffroy était l'homme de confiance de Saint-Louis qui lui avait laissé la garde de cent chevaliers. Il était probablement comme Saint-Louis et Jean d'Ibelin partisan de la guerre à outrance et de l'offensive sur Jérusalem par la région de Jaffa, qui appartenait à Jean d'Ibelin et qui était alors partiellement occupé par les Sarrasins.

des assises de la Haute-Cour. Elle n'est qu'un fragment d'une pièce plus étendue. Voici en effet sa rubrique :

« *Vos avés oy devant coment on doit coroner le rei*, c'est assaveir quand il est d'aage après la mort de son père ou de sa mère ou de celui qui a le réiaume par droit age (1). »

Il est permis de se demander si les ch. 6 et 7 relatifs au couronnement ne sont pas précisément les matières auxquelles il est fait allusion et si, par conséquent, ces deux chapitres n'ont pas été détachés par les copistes de l'œuvre dont ils faisaient partie primitivement et placés dans le livre des assises.

Le chapitre IX de Beugnot ne se trouve que dans notre ms. Il n'y a aucune raison pour en suspecter l'authenticité et pour ne pas considérer sur ce point notre ms. comme plus complet que les autres.

Le ch. 164 de Beugnot est fourni par tous les ms. sauf par le nôtre. Or ce chapitre fait double emploi avec le ch. 165 que l'on trouve dans notre manuscrit comme dans tous les autres.

Et ce chapitre 165 commence par ces mots :

« Se le seignor fait semondre aucun sien home d'aucun des services que il deit, et il est merme de son fié d'aucune chose en aucune des manières avant dites... »

Or, « ces manières avant dites », elles se trouvent au ch. 163 de Beugnot qui d'après notre ms. précède effectivement la phrase qu'on vient de lire, mais qui dans les autres en est séparé par un très long chapitre. Ici encore la supériorité de notre ms. n'est-elle pas manifeste ?

On pourrait citer bien d'autres exemples. Mais ces quelques observations suffisent pour nous permettre de conclure.

Le fr. 12206 et 19026 nous donnent une leçon plus ancienne que celle des ms. du type vaticane qui reproduisent la rédaction officielle de 1369. Mais cette leçon est cependant inférieure à celle du fr. 19025.

C'est lui qui donne la leçon la plus voisine de l'originale ; c'est certainement de toutes celles que nous possé-

1. Beugnot, II, p. 397.

dons la meilleure et c'est elle qui devrait servir de base à une édition critique (1).

ÉDITION

L'édition Beugnot est la seule qui ait cherché à donner un texte critique et à retrouver l'original.

Malheureusement Beugnot a pris pour base le fr. 12206 et ce ms. n'est certainement pas le meilleur. Il semble être ainsi que le ms. 19026 une sorte d'exemplaire d'une édition faite au début du xiv° siècle des principaux livres des assises de Jérusalem.

C'est le fr. 19025 qu'il faudrait prendre pour base d'une édition critique, il est malheureusement inédit, et c'est là une lacune regrettable, et qu'il serait facile de combler.

Date du livre. — Beugnot et les auteurs postérieurs supposent que le livre de Jean d'Ibelin a été écrit vers le milieu du xiii° siècle et après le livre de Philippe de Novare. Ils ont raison, mais il est, semble-t-il, possible de préciser davantage. Au chapitre 145, Jean d'Ibelin nous dit que sur son conseil le Grand Baron Constantin Baile d'Arménie « donna à baron Oissin le Croc, qu'il ot et tint tant come il vesqui » (2). Le livre a donc été écrit après le décès du baron Oissin qui mourut entre le 14 janvier 1265 et le 13 janvier 1266 (3). Jean d'Ibelin lui-même étant mort le 7 décembre 1266 (4), la rédaction de son livre se place entre le 14 janvier 1265 et le 7 décembre 1266.

Patrie du livre. — Jean d'Ibelin a écrit à la fois pour le royaume de Jérusalem et pour celui de Chypre (5). Mais quand entre les usages des deux royaumes il existait quelques différences Jean a pris soin de les signaler (6).

1. Je ne parle bien entendu que des seuls ms. existant à Paris.
2. Beugnot, I, p. 220.
3. Voir la traduction française de la *Chronique de la Petite Arménie* (714, 14 janvier 1265, 13 janvier 1266, le baron Oschin Seigneur de Gorigor mourut). Doc. arm., t. I, p. 651.
4. Cf. *ultra*, p.
5. *Livre de Jean d'Ibelin*, ch. 22, 27, 32, 33.
6. *Ibid.*, ch. 155, etc.

V. — Livres de Jacques d'Ibelin, de Geoffroy le Tort. Clef des Assises

Ce sont des ouvrages secondaires. Ils ont été correctement édités et suffisamment étudiés par Beugnot. Ils ne légitiment pas un examen prolongé.

Les manuscrits. — Le livre de Jacques d'Ibelin a été conservé par trois mss.

Le ms. 19026 qui donne les rubriques au fo. 28 et le texte lui-même aux fol. 221 à 230.

Le ms. 12206 qui ne reproduit pas les rubriques, mais donne un texte très semblable au précédent fol. 183 à 191.

Le ms. italien 29 fol. 150 à 157 donne une traduction italienne en 92 chapitres qui semble moins complète que la leçon française.

Beugnot a édité correctement les textes des deux ms. français.

Le livre de Geoffroy le Tort a été conservé également par le ms. fr. 19026 (rubriques fol. 28 et 29 ; texte fol. 230 à 235), par le ms. 12 206 (fol 178 à 182) et par le ms. italien 28 fol. 158 à 162).

Ces deux mss. diffèrent assez sensiblement, mais ils ont été édités l'un comme l'autre par Beugnot. La traduction italienne est restée inédite.

La clef des assises est conservée par le fr. 12.206, folio 261 à 279.

Elle a été éditée correctement par Beugnot.

Date. — Ces trois ouvrages sont à peu près contemporains. Tous trois datent de la fin du royaume latin de Syrie. On peut les placer à peu près entre 1270 et 1291.

Jacques d'Ibelin écrivit son livre sur son lit de mort (1). Nous ignorons la date de son décès, mais nous savons

---

1. Puisque nous avons parlé ci-dessus des assises et des usages de la Haute Cour lesquels fist le bon Jahan d'Ibelyn conte de Japhe et d'Escalone et Seigneur de Rames nos vos dirons aucunes assises lesquels fist messire Jacques de Belyn a qui dieu par-doint sur son lit de mort, ch. 252, ms. 19026, fol. 28 recto.

qu'en 1271, il fit une plaidoirie importante sur le service militaire des vassaux devant le futur Edouard I, roi d'Angleterre (1).

Le livre est donc postérieur à 1271. Il est certainement antérieur à l'année 1291 époque de la chute de Saint-Jean d'Acre, puisqu'il est manifestement destiné au royaume de Syrie. Il est probablement antérieur à l'année 1286, époque à laquelle les deux royaumes de Jérusalem et de Chypre ont été confondus, car l'auteur dans son prologue semble s'occuper du seul royaume de Jérusalem à l'exclusion de celui de Chypre.

Le livre de Geoffroy le Tort ressemble extrêmement à celui de Jacques d'Ibelin. Il présente un droit en tous points semblables et il y a tout lieu de le croire contemporain ; il semble avoir été écrit pour l'île de Chypre à une époque où les deux royaumes étaient séparés (2). Il semblerait donc avoir été écrit entre 1269 et 1288, ce n'est là qu'une simple supposition basée seulement sur des vraisemblances.

La clef des assises présente elle aussi un droit très voisin de celui des deux livres précédents, peut-être cependant un peu plus évolué. Elle paraît avoir été écrite à une époque où les royaumes de Jérusalem et de Chypre étaient réunis (3). Peut-être a-t-elle été composée entre 1286 et 1291 (4).

VI. — Livres du plédéant et du plaidoyer

Les livres du plédéant et du plaidoyer paraissent appartenir au même auteur.

1. Beugnot, 2, p. 427 et suivantes.
2. Beugnot, 1, p. 444 « devra délivrer et déterminer par les assises et les bons usages et les bonnes coutumes dou réaume de Jérusalem lesquelles l'on doit tenir ou réaume de Chypre ».
3. Clef des assises, ch. 1, 2, 49, 43, 48, 290, etc...
4. 1286 époque de la réunion des deux royaumes sous l'autorité de Henri II, 1291 date de la chute de Saint-Jean d'Acre.

LIVRE DU PLÉDÉANT

Le livre du plédéant a été l'objet d'une traduction officielle en 1531, il présente donc deux états :

La traduction italienne ;

La forme française originale.

La traduction italienne nous a été conservé par le manuscrit italien 29 ; il n'y a aucune difficulté de lecture ni d'interprétation.

Il existe deux éditions satisfaisantes : celle de Canciani t. 11 et celle de Foucher.

La forme française est conservée par le fr. 12206. Ce manuscrit donne un texte très semblable au fond à celui de la traduction italienne, il est du reste un des quatre codex utilisés par les commissaires vénitiens.

Il a été édité par Foucher et par Beugnot.

LIVRE DU PLAIDOYER

Le livre du plaidoyer n'a pas été traduit en italien. Il nous a été conservé par le seul fr. 12206. Un texte conservé par un seul manuscrit semblerait très facile à établir ; il y a cependant une difficulté assez étrange : Il est très malaisé de savoir où finit le livre. Ni la lecture même du texte, ni l'examen du manuscrit ne nous renseignent d'une façon certaine et précise. La question a divisé les deux éditeurs. Foucher croit que le livre s'arrête au folio 339. Beugnot au contraire suppose que les matières contenues aux folios 339 à 357 et éditées par lui p. 323 à 353 font partie du livre du plaidoyer. Il est impossible de dire avec certitude qui des deux a raison.

Du folio 305 au folio 339 se succèdent sans solution de continuité les chapitres édités par Beugnot de la p. 293 à 323 et par Foucher de la p. 243 à 321. Mais après ces chapitres toute la seconde moitié de la deuxième colonne du folio 339 est en blanc. C'est évidemment par un blanc que se marque le plus souvent la fin d'un livre.

Il y a plus. Une main du xvi° siècle a numéroté ensemble

de 1 à 60 tous les chapitres du livre du plédéant qui portent les numéros 1 à 36 et les chapitres du livre du plaidoyer qui portent les numéros de 37 à 60, et ce numérotage s'arrête avec le dernier chapitre du folio 339 qui précède la partie laissée en blanc.

On s'explique que Foucher y ait vu la fin du livre du plaidoyer. Mais rien dans le texte ne permet d'affirmer que le livre se termine là. Les folios 339 recto à 357 contiennent sans aucun titre des matières qui ne semblent pas être le commencement d'une œuvre nouvelle.

Ce sont des reproductions de formules (1), des textes d'ordonnement (2), des extraits d'œuvre de divers jurisconsultes (3). Quelques rubriques sont d'un style personnel tout à fait semblable à celui du livre du plaidoyer et du plédéant (4). Il se pourrait que ces chapitres appartiennent à l'auteur de ces livres et qu'ils soient des pièces justificatives ajoutées à la suite de son œuvre personnelle.

Mais il est impossible d'affirmer que tous ces extraits n'ont pas été placés là par le copiste, tout comme les formules et les textes d'assises qui suivent immédiatement et terminent le codex.

Beugnot (5) pense que les livres du plédéant et du plaidoyer ont été écrits en Chypre au milieu du XIV° siècle, sous le règne de Hugues IV. Il m'a été impossible de découvrir aucun élément de dotation nouveau et d'ajouter aucune précision.

1. Ch. 22, 32, 33, 35, 36, 39, 40 de Beugnot.
2. Ch. 23 et 25.
3. Ch. 24, 26, 7, 8, 9, 30, 31, 32, 34.
4. Ch. 29, 30, 27, etc.
5. Beugnot, *Ass. de Jérusalem*, t. II, p. LIX-LX.

DEUXIÈME PARTIE

CE QUE VALENT LES LIVRES
DES ASSISES DE JÉRUSALEM

Pour savoir ce que valent les Livres des Assises, il faut les situer dans leur milieu historique.

Nous allons donc donner un aperçu général de l'évolution du droit latin dans lequel on peut distinguer cinq époques assez nettement différenciées.

1° Il y a d'abord une période de formation mal connue et pendant laquelle, s'il faut en croire Jean d'Ibelin, Godefroy de Bouillon a fait rédiger une sorte de code, c'est ce que nous appellerons la période de formation (1099-1100).

2° Au cours du XIIᵉ siècle jusqu'à la perte de Jérusalem en 1187 le roi et ses hommes rédigèrent les assises et les bons us, si connus sous le nom de « Lettres du Saint-Sépulcre ». Le droit fut alors officiel et progressif : il était uniformément appliqué dans toute l'étendue de la principauté de Jérusalem.

Nous n'avons conservé aucun monument juridique de cette époque, mais le Livre au roi et surtout le livre de Philippe de Novare nous fournissent sur elle des renseignements précieux.

Cette période est bien nettement tranchée : c'est celle du premier royaume de Jérusalem 1099-1187.

3° Le XIIIᵉ siècle fut la grande époque des institutions juridiques de l'Orient. D'abord un peu régressif et imprécis après la perte des Lettres du Saint-Sépulcre, le droit latin fut bientôt développé et partiellement fixé par les juristes. Grâce à eux il atteignit son plus haut degré de perfection doctrinale et pratique. Ce fut aussi l'époque de sa plus grande extension territoriale. Les assises de Jérusalem continuèrent à régir le royaume d'Acre en Syrie ; elles furent adoptées dans leur intégralité par le royaume de Chypre qui avait d'abord eu des coutumes propres ; elles eurent une grande influence sur la formation des assises de Romanie.

C'est pendant cette période qu'ont paru le Livre au Roi, le Livre des Assises des Bourgeois, le livre de Philippe de Novare, celui de Jean d'Ibelin, celui de Jacques d'Ibelin, celui de Geoffroy le Tort et enfin la Clef des Assises.

Cette troisième période est, elle aussi, bien tranchée ; c'est celle du deuxième royaume de Jérusalem 1187-1291.

4° Après la chute de Saint-Jean d'Acre les Assises de Jérusalem ne furent plus observées qu'en Chypre. Mais ici les assises ne sont plus dans leur milieu historique ; elles ne peuvent être appliquées aussi normalement qu'en Syrie Malgré l'opposition des cours et l'opposition des vassaux, les rois de Chypre essayèrent de substituer à l'autorité traditionnelle des vieilles assises celle de leurs propres ordonnements, jusqu'à ce que le 12 janvier 1369 la communauté des liges fit assassiner le roi Pierre Ier et ordonna de faire une rédaction officielle du vieux livre de Jean d'Ibelin.

Depuis 1369 jusqu'à la domination vénitienne le royaume de Chypre fut en pleine décadence et en pleine anarchie. Malgré les efforts de quelques rois la rédaction officielle du livre de Jean d'Ibelin semble avoir conservé son autorité. Cette période s'étend de 1291 à 1489.

Un seul livre parut pendant ce long espace de temps : Le livre du plédéant et du plaidoyer.

5° En 1489 la république de Venise prit possession de Chypre et s'y maintint jusqu'à la conquête turque en 1570.

Elle organisa des tribunaux vénitiens, mais elle laissa aux Chypriotes leur vieux droit. En 1531 elle fit traduire en italien le livre du plédéant celui des Assises des Bourgeois et celui de Jean d'Ibelin (1).

---

1. Il existe aussi des traductions italiennes des livres de Geoffroy le Tort et de Jacques d'Ibelin, mais ces traductions ne semblent pas avoir eu le même caractère officiel.

Pour chacune de ces cinq périodes, après avoir cherché à caractériser l'évolution du droit, on s'occupera des sources. On traitera d'abord des livres qui sans avoir parus pendant cette époque nous renseignent cependant sur elle. On traitera ensuite et surtout des livres qui ont paru au cours même de la période. On donnera quelques renseignements sur la personnalité et les tendances dés auteurs et on s'efforcera de déterminer la valeur intrinsèque, l'autorité ancienne et l'importance documentaire actuelle de ces livres.

Godefroy de Bouillon et les premières assises

Nous connaissons mal les origines du droit hiérosolymite. Jean d'Ibelin raconte que Godéfroi de Bouillon a institué deux juridictions : La Haute Cour pour juger les nobles, la Cour du Vicomte pour juger les Bourgeois (1). Il dit aussi que Godefroi fit rédiger par quelques « sages homes » des rapports écrits sur les coutumes de leurs divers pays d'origine, qu'ensuite il réunit le patriarche, les barons et les sages hommes et qu'après « par leur acort il concuilli de ciaus escris ce que bon li semble et en fist assise et usage que l'on deust tenir et maintenir et user ou roiaume de Jérusalem (2) » ; mais ajoute Jean d'Ibelin, ces premières assises furent transformées, développées et renouvelées par les autres rois de Jérusalem (3).

Que faut-il penser de ce récit ? Est-il vrai que Godéfroi ait institué une double juridiction ? Est-il vrai qu'il fit faire une première rédaction de coutumes ?

Question bien controversée. Beugnot et presque tous les auteurs anciens ont admis le récit de Jean d'Ibelin sans critique. Presque tous les auteurs récents l'ont rejeté comme une pure légende.

Ibelin écrivit son livre en 1265-1266, c'est-à-dire plus de cent cinquante ans après les événements qu'il rapporte. Isolé, son témoignage n'aurait aucune espèce de valeur, mais tel n'est pas absolument le cas.

1. Livre de Jean d'Ibelin, ch. 2.
2. *Ibid.*, ch. 1, p. 22.
3. *Ibid.*, ch. 3.

Godefroi a-t-il établi une Haute Cour et une cour des bourgeois ?

Aucun historien ancien ne nous dit que Godefroi a institué à Jérusalem une Haute Cour et une Cour bourgeoise ; mais les chroniques de la première croisade et en particulier les « gesta » anonymes parlent à maintes reprises d'une cour de barons qui prenait pendant tout le voyage des décisions importantes. Raoul de Caen (1), signale un différend survenu entre Arnulf et Tancrède qui fut jugé par cette cour (2). Guillaume de Tyr et Guibert de Nogent montrent cette assemblée de barons administrant la cité aussitôt après la conquête de Jérusalem (3). Godefroi élu, ce parlement ne devait-il pas tout naturellement devenir la Haute Cour.

Les premières chroniques nous apprennent encore que le menu peuple de chaque nation, de chaque « gens » était mené et jugé par les chefs de cette gens. Mais Albert d'Aix raconte que pendant le siège d'Antioche des juges spéciaux furent institués pour réprimer certains délits, des délits commerciaux pour la plupart (4). Voilà donc un tribunal distinct des juridictions nationales, distinct de la Cour des Barons et chargé de juger des non nobles. Ce ne fut peut-être qu'une mesure de circonstance, mais ce n'en était pas moins une première ébauche de cour bourgeoise. Nous savons par des chartes qu'un vicomte existait à Antioche en 1101 (5), à Jérusalem en 1104 (6).

Il est donc certain qu'une haute cour existait en germe pendant la croisade et qu'une cour de vicomte existait effectivement en 1104 à Jérusalem. Sur ce premier point le récit de Jean d'Ibelin n'est pas expressément confirmé par des textes anciens, mais il est en parfait accord avec eux. Il est fort possible que Godefroi de Bouillon lui-même ait institué une double juridiction et il est sûr que cette

1. Raoul de Caen, ch. CXXXV. *hist. occ.*, t. III, p. 699.
2. *Ibid.*, ch. 137, *hist. occ.*, t. III, p. 702.
3. Guillaume de Tyr, livre 9 ; Guibert de Nogent, livre 7.
4. Albert d'Aix.
5. *Ræhricht regesta rgni hierosolimitani*, n° 35.
6. *Ibid.*, n° 43.

M. Grandclaude

7

double juridiction a existé très peu de temps après sa mort.

Godefroi de Bouillon a-t-il fait rédiger un corps de coutumes ? — Godefroi de Bouillon a-t-il fait rédiger un corps de coutumes comme le prétend Jean d'Ibelin ? Sur ce point nous n'avons pas de témoignages anciens (1), nous n'avons même pas de témoignages antérieurs à celui de Jean d'Ibelin (2), mais nous avons des témoignages contemporains. A maintes reprises Philippe de Novare parle incidemment d'un premier établissement d'assises fait au moment de la conquête « car après ce que les premières assises furent faites au conqueste de la terre » (3) ; « au commencement quand les premières assises furent faites, fu ordone et après usé » (4) ; « cette assise fu faite lonc temps après les autres » (5). Par deux fois dans une plaidoierie prononcée en 1264 le comte de Brienne parle du droit qui fut établi » au conqueste de la terre » (6).

Philippe de Novare et le comte de Brienne sont moins

1. Guillaume de Tyr, livre 9, ch. 9, *Hist. Occid.*, I, p. 393, parle bien de l'établissement d'une prescription d'an et jour, mais c'est là une mesure isolée.

2. L'introduction historique qui précède le livre des assises de Romanie (Canciani, *Barbobarórum leges antiquæ*, t. 3, p. 498 et 499) fait le même récit que Jean d'Ibelin (ch. 3) dans les mêmes termes. Le livre des Assises de Romanie est peut-être antérieur au livre de Jean d'Ibelin mais cette introduction historique ne fait pas partie de l'œuvre primitive, ainsi que suffirait à le prouver cette rubrique placée après notre préambule et avant le chapitre premier des Assises : « qui commenza la predicte uzance. » C'est une sorte de préface d'éditeur qui n'a pas pu être composée avant le xiv° siècle, puisqu'elle reproduit et qu'elle cite *lo libro della conquista* ou *Chronique de Morée* qui a été écrite entre 1305 et 1331 (cf. Jean Longnon, *Chronique de Morée*, p. LXXIV). Cette préface qui répète toutes les erreurs chronologiques et généalogiques de la chronique a imité ses procédés d'exposition tout en intercalant un long passage presque textuel de Jean d'Ibelin (cf. préambule des Assises de Romanie, Canciani, III, p. 498-499, Jean d'Ibelin, ch. 3, *Chronique de Morée*, édition Longnon, p. 1 et suivantes. La clef des Assises reproduit également presque textuellement le récit de Jean d'Ibelin (Beugnot, I, p. 575-576) mais la clef des Assises est postérieure au livre de Jean d'Ibelin.

3. Philippe de Novare, ch. 47, Beugnot, I, p. 522.

4. *Ibid.*, ch. 75, p. 546.

5. *Ibid.*, ch. 86, p. 566.

6. Doc. relat. à la succes. au Trône, ch. 4 et 10, Beugnot t. II, p. 404-414.

précis et moins circonstanciés que Jean d'Ibelin ; ils sont peut-être plus intéressants. Ils nous montrent clairement qu'au xiiie siècle une tradition courante croyait à une rédaction primitive d'assises (1). A une époque où le droit était le plus souvent oral une tradition de ce genre est respectable.

Cette tradition semble du reste confirmée par un texte qui a une grande valeur historique, mais qui est malheureusement bien imprécis : par la formule même du serment que prêtaient les rois de Jérusalem au moment du sacre. Ils juraient de garder les assises du roi Amaury et du roi Baudouin « et les anciennes coutumes et assises du royaume (2) » « pristinas libertatum consuetudines et usus » dit une formule latine de 1198 qui diffère peu de la précédente (3).

Ces « pristinas libertatum consuetudines et usus » ne seraient-elles pas ces premières assises qui furent faites au conquest de la terre ?

En parlant de Baudouin I successeur immédiat de Godefroy de Bouillon, Guillaume de Tyr s'exprime ainsi :

« Juris etiam consuetudinarii a quo regnum regebatur orientale, plenam habens experientiam ita ut rebus dubiis etiam seniores regni principes ejus consulerent experientiam et consulti pectoris eruditionem mirarentur (4). »

Evidemment une critique littérale de ces phrases écrites quatre-vingts ans après les événements serait déplacée. Mais pourtant ce passage semble bien prouver que Guillaume de Tyr, qui est un bon historien, croyait que dès le

1. Cette tradition n'est pas spéciale au royaume de Jérusalem. Les chroniques de l'empire latin de Constantinople parlent d'une rédaction primitive d'Assise ainsi que doit l'établir M. Recoura dans une étude qui paraîtra prochainement. La *Chronique de Machéras*, p. 18, dit la même chose pour Chypre. Le comte de Brienne parle d'une réduction primitive, pour les principantes d'Antioche ou de Tripoli. (Beugnot, t. II, p. 411) quintuple vérité ou contamination légendaire. ??

2. Formule générale donnée par Jean d'Ibelin, ch. 7.

3. Formule employée par Amaury à son sacre. Cartulaire du Saint-Sépulcre, édition de Rozière, p. 275-276.

4. Guillaume de Tyr, livre 16, ch. 2, *Hist. occ.*, I, p. 701.

règne de Baudouin I le droit hiérosolomyte était cons-
titué (1).

Le témoignage de Guillaume de Tyr est parfaitement
d'accord avec la formule du serment royal et avec la tradition rapportée par le comte de Brienne et Philippe de
Novare.

Ces textes ne prouvent pas que Godefroy de Bouillon a
rédigé un corps de coutumes, ils ne prouvent pas non plus
que ce premier corps de coutumes a été écrit, comme le
dit Jean d'Ibelin ; mais ils nous démontrent qu'un certain
ensemble d'usages a existé de très bonne heure.

Conclusions. — De tout ce qui précède il est permis de
tirer cette conclusion : nous ne savons pas qu'elle fut
l'œuvre législative de Godefroy de Bouillon, nous ne savons
même pas s'il a fait oeuvre législative ; mais il est certain
que de très bonne heure le royaume de Jérusalem a eu son
organisation judiciaire et ses coutumes propres (2).

1. Faut-il ajouter que ce texte ne prouve rien contre l'existence
d'une rédaction, le mot jus consuetudinarium sous la plume d'un
évêque désigne simplement le droit qui n'est ni romain ni canonique.
Et malgré l'existence de nos codes l'experientia d'un juriste peut
encore être utile aux « siniores » de nos tribunaux.

2. Dans un compte rendu du livre de Rœhricht (*Geschichte des
erten Kreuzzuges*). A. Lamarche exprime une opinion assez voisine
de la mienne (*Revue de l'Orient Latin*, t. VIII, p. 559).

DEUXIÈME PÉRIODE

Le premier royaume de Jérusalem

Historique. — Les Lettres du Saint-Sépulcre. — Nous
sommes mieux renseignés sur la période suivante, celle
qui s'étend de cette première organisation à la perte de
Jérusalem en 1187.

Philippe de Novare (1) nous apprend que les succes-
seurs de Godefroy établirent des assises et firent rédiger
les bons us. Il nous dit aussi que « chacune assise et bon us
et bonne coutume estoit escrite par sei en un grant parche-
min franchois » et en « chascune avait le scau et le signau
dou roi et don patriarche aussi et dou vesconte de Jérusalem aussi » (2) et (3).

Tous ces parchemins étaient réunis en une huche dans
l'église du Saint-Sépulcre et c'est pour cette raison qu'on
les appelait « Lettres du Saint-Sépulcre ». Dans les cas
embarrassants, quand il fallait prouver la coutume, on
allait avec quelque solennité consulter les « lettres du
Saint-Sépulcre ». Malheureusement ces précieuses lettres
furent perdues lors de la prise de Jérusalem par Saladin en
1187. En 1197-1198 (4) le roi Amaury essaya de reconstituer

1. Ch. 47 ; Beugnot, I, p. 521-523.
2. Philippe de Novare, ch. 47, p. 522 ; Ibelin, ch. 4.
3. Philippe de Novare, ch. 47, p. 522.
4. Septembre 1197, mars 1198. Le roi Amaury a dû concevoir son
projet après son élévation au trône de Jérusalem en septembre 1197
puisqu'il était antérieurement roi de Chypre, où on n'appliquait pas
encore les assises de Jérusalem ; et il a dû concevoir ce projet « ains
qu'il ne fut mal » avec Rau de Tabarie (Philippe de Novare, ch. 47,
p. 523) et avant qu'il ne fit bannir sans jugement (Ibelin, ch. 204,
p. 327) le dit Raoul soupçonné d'avoir voulu faire assassiner le roi
sur la route de Tyr par quatre chevaliers allemands en mars 1198
(Eracles, 224-8-31 ; Ernoul, p. 310-311, cf. de Mas Latrie, t. I, 151-152,
Rœhricht Gesch. d. Kœnigsremch Jerus, p. 628 et s.

de mémoire les lettres du Saint-Sépulcre avec l'aide de Rau de Tabarie, Raoul de Tibériade, de Rémont Anciaume et de quelques autres vavasseurs et bourgeois. La mauvaise volonté de Rau de Tabarie empêcha le projet d'aboutir (1).

Tous les historiens récents ont confondu ces deux questions absolument distinctes : celle de la rédaction de coutumes par Godefroi de Bouillon et celle de l'existence de lettres du Saint-Sépulcre. Je ne saurais partager cette manière de voir. Ce que fut l'œuvre législative de Godefroi je l'ignore. Mais je crois à l'existence des lettres du Saint-Sépulcre. Sur ce point le témoignage de Philippe de Novare me paraît irrécusable. Philippe a connu des hommes qui ont vécu à Jérusalem avant la perte de ces lettres « et tout ce ais je oi retraire a plusours qui ce virent et sorent ains que la lettre fust perdue et as plusours qui bien le savoient, par aucuns de ceaus qui les lettres garderent en aucun tens » (2).

De plus Philippe de Novare a vécu dans l'intimité de Rau de Tabarie (Raoul de Tibériade) sur qui le roi comptait pour recorder les lettres du Saint-Sépulcre. En 1218, lors du premier siège de Damiette, il allait chaque soir durant trois mois et plus veiller et lire chez le sire de Tibériade qui, ajoute Philippe, « me conteit moult de choses dou royaume de Jérusalem et de ces Assises, et me disait que je les retinsse. Et je qui moult goutai sa manière oterai tout » (3). Contester de pareils témoignages, c'est aller contre toutes les règles de la critique historique.

Caractères généraux. — Le droit du premier royaume de Jérusalem semble avoir été assez original. Il fut « officiel » progressif et général comme national.

Officiel. — Ce droit fut « officiel » c'est-à-dire qu'il fut l'œuvre d'un organisme législatif. A cette époque la plupart des pays n'avait que des coutumes orales et traditionnelles qui s'étaient élaborées lentement et qui étaient

1. Philippe de Novare, ch. 47, p. 523.
2. *Ibid*.
3. Philippe de Novare, ch. 49, 525.

l'œuvre de la communauté des habitants plutôt que d'une
autorité constituée. Le premier royaume de Jérusalem au
contraire avait des assises et des bons us établis par le
roi et ses hommes. Ce conseil, nous l'avons vu, pouvait
librement créer du droit nouveau, supprimer ou modifier
le droit antérieur. Il était législateur souverain et législateur très actif (1).

Tout le droit cependant ne fut pas officiel, à côté des
assises et des bons us il y a eu de simples usages. Philippe
de Novare le dit nettement (2). On se ferait une idée très
inexacte et très incomplète en recherchant uniquement ce
droit dans les assises. Mais il semble que la partie rédigée
a été la plus considérable. Les assises que nous connaissons sont nombreuses et très importantes. Pour Philippe
de Novare et pour les autre juristes de son temps la perte
des lettres du Saint-Sépulcre c'était la perte de l'ensemble
du droit hiérosolymite (3).

Progressif. — Contrairement à ce qu'on pourrait croire
ce droit tout législatif était très progressif, et il l'était précisément parce que législatif. Le juge du moyen âge devait
généralement s'incliner devant l'autorité de coutumes
vieillies, le législateur d'aujourd'hui méconnaît trop souvent
les besoins et les possibilités de la pratique. A Jérusalem le
roi et ses hommes étaient à la fois juges et législateurs. De
plus ils s'adjoignaient les plus sages hommes de partout.

1. Jean d'Ibelin nous montre les rois de Jérusalem très diligents
à faire « les choses que voient ou conoissaient qui leur sembloient
bones.., joindre croistre ou amermer es assise ou es usages dou
royaume... par le conseil dou patriarche de Jérusalem et des barons
et des haus homes et des plus sages que il porereient avoir, chevalier
et clercs et lais... » (Ibelin, ch. 3, cf. Philippe de Novare, ch. 47).
A chaque passage de pèlerins le roi et son conseil se réunissaient,
consultaient les sages hommes du passage sur les usages de leurs
pays et on « creissoit ou joignoit ou amermoit assise et usages dou
royaume ce que bon sembloit à amermer » (Ibelin, ch. 3, cf. Philippe
de Novare, ch. 71).
Parfois le roi faisait faire des enquêtes à l'étranger et il modifiait
ensuite le droit établi avec l'aide de son conseil, Ibelin, ch. 3.
2. Philippe de Novare, ch. 48.
3. *Ibid.*, ch. 47 et Jean d'Ibelin dans ces chapitres 1 et 4 donne la
même impression.

Ils étaient particulièrement capables de conformer le droit positif aux nécessités de la pratique en même temps qu'au droit idéal.

Quand une assise devenait défectueuse et injuste dans son application ils la cassaient ou déformaient immédiatement (1). Ils amendaient les assises « pluisors fois pluisors ens tant que ils orent faites les assises et les usages les meillors et les plus convenables que ils porent ne surent (2) ».

Général. — Ce droit officiel et progressif fut encore un droit général uniformément appliqué dans toute la principauté de Jérusalem.

Les assises et les bons us, œuvre commune du roi et de tous les seigneurs justiciers du royaume, devaient tout naturellement être appliqués par toutes les cours, c'est ce qu'affirment tous nos livres des assises et c'est ce que démontre la formule traditionnelle du serment : je jure de « mener *toi* le peuple crestien *dou royaume* selon les coutumes anciennes et aprouvés dou dit royaume et selon les assises » (3). Mais si les mêmes assises et bons us étaient observés dans tout le royaume il est possible qu'ils n'aient pas été partout interprétés de la même façon. Dans un pays où l'appel n'existait pas, la jurisprudence variait peut-être d'une cour à l'autre.

Les simples usages devaient également être assez uniformes. Je n'ai trouvé nulle part, ni dans les chroniques, ni dans les chartes (4), aucune mention certaine de coutumes particulières à une cour ou à un pays (5).

---

1. Se aucuns gens soutils de malice avaient trové aucun barat por que l'assise fut empirée, on y osteit le barat et y metait l'on amandement à l'encontre (Philippe de Novare, ch. 47).

2. Jean d'Ibelin, ch. 3.

3. Jean d'Ibelin, ch. 7. Cf. *Cartulaire du Saint-Sépulcre*, p. 275-276

4. Du moins dans les analyses de chartes données par *Röhricht Regesta Regni hierosolymitani.*

5. Si Beugnot a affirmé l'existence de coutumes particulières c'est qu'il a traduit le mot consuetudo par coutumes alors qu'il aurait peut-être pu le traduire par redevance. Les chartes où à ma connaissance se trouve ce mot consuetudo suivi d'un non pays sont analysés par *Röhricht* sous les numéros 594, 457, 344 et 346.

Sauf peut-être sur quelques points très secondaires, le droit fut donc le même dans tout le royaume de Jérusalem.

Organisation judiciaire. — L'organisation judiciaire de cette période est celle qui s'est maintenue dans ses grandes lignes jusqu'à la domination vénitienne.

Il y a deux grandes classes de juridiction : Les hautes cours pour juger les nobles ; les cours de vicomte pour juger les non nobles (1). Ces deux juridictions étaient souveraines, l'appel étant inconnu dans tout l'Orient latin.

La haute cour était présidée par le roi, ou un vassal qui le représentait, à la cour royale ; par le seigneur, ou un vassal qui le représentait dans les cours seigneuriales (2). Pour que la cour fut constituée, il fallait au moins un président et deux assesseurs sans parler des conseils et « avant parliers » qui assistaient les parties.

Tous les fieffeux devaient le service de cour.

Les cours bourgeoises (3) se composaient d'un vicomte ou bailli (4) qui présidait et généralement de 12 jurés. Tous étaient nommés par le roi ou par le seigneur. Ces cours étaient compétentes *ratione materiæ* pour tous litiges relatifs à une bourgeoisié (5) quand bien même les plaideurs auraient été des nobles. Elles étaient compétentes *ratione personnæ*, pour tous procès entre non nobles. Cependant les républiques méditerranéennes ont obtenu par conventions diplomatiques des privilèges de juridiction fort étendus pour leurs ressortissants. Ceux-ci étaient généralement jugés par des tribunaux nationaux siégeant dans les principales villes de Syrie.

Le statut des indigènes a beaucoup varié. Ils ont été jugés tantôt par des tribunaux syriens, tantôt par des tribunaux mixtes, tantôt par la cour du vicomte.

Les sources. — Nous ne possédons aucun livre d'assise

---

1. Sans parler des cours de la chaîne ou de la foule qui étaient des tribunaux maritimes ou des tribunaux de commerce.

2. Jean d'Ibelin, ch. 270 donne la liste des barons qui avaient une cour.

3. Voir la liste des cours bourgeoises dans Jean d'Ibelin, ch. 270.

4. Ces officiers ont pris en Chypre au xiv⁰ siècle le titre de capitaine.

5. C'est-à-dire à tout bien immobilier qui n'était pas un fief.

datant du premier royaume de Jérusalem. Il n'est cependant pas absolument impossible de connaître le droit de cette période. La perte des lettres du Saint Sépulcre a été très vivement ressentie par les praticiens du XIII⁰ siècle et ils ont essayé de fixer le souvenir de ce vieux droit et d'en retrouver sinon la lettre du moins l'esprit. C'est en grande partie dans ce but que Philippe de Novare écrivit son *Livre à an sien Ami*. Il le dit nettement : « Je vous ai fait mencion des assises en plusieurs lieux si come il se contient desus et aucunes vous en ai retraits entérinement selon mon entendement, après vos en deviserai je a bone foi » (1). Les renseignements qu'il fournit sont très nombreux, trop nombreux pour qu'on puisse en dresser une liste. Ils sont aussi très sûrs. Philippe était un scrupuleux, qui prenait toujours grand soin de dire si ces souvenirs étaient précis ou vagues. Le *Livre a un sien Ami* est pour le XIII⁰ siècle une source capitale.

Le *Livre au Roi* est très précieux lui aussi. Il a été écrit très peu de temps après la perte des lettres du Saint-Sépulcre, à une époque où le roi Amaury se croyait en état de retraire de mémoire toutes les lettres. Mais ce livre contient moins de renseignements que celui de Philippe, et surtout il est moins sûr. L'auteur du *Livre au Roi* était peut-être trop favorable à l'autorité royale pour être impartial, puis il procède toujours par affirmation, même dans les cas douteux.

Le *Livre des assises des Bourgeois* ne donne que peu de renseignements (2) ; celui de Jean d'Ibelin en fournit moins encore (3). Les autres livres des assises ne contiennent rien.

Une histoire détaillée du droit du XIII⁰ siècle semble impossible. Mais on peut en connaître les grandes lignes grâce au livre de Philippe de Novare, au Livre au Roi, et aux chartes (4) très nombreuses du XIII⁰ siècle.

1. Ch. 47 de Beugnot.
2. Voir par exemple, ch. 303.
3. Jean d'Ibelin ne dit à peu près rien qui ne se trouve déjà dans Philippe de Novare.
4. Les chartes de cette période sont très nombreuses. Voir *Röhricht Regesta Hierosolymitani*.

TROISIÈME PÉRIODE

Deuxième Royaume de Jérusalem

Conséquence de la perte des lettres du Saint-Sépulcre. — La perte des lettres du Saint-Sépulcre a profondément modifié l'évolution du droit de l'Orient latin.

Jadis presque tout ce droit était l'œuvre du législateur ; il sera maintenant tout coutumier.

Il était très progressif ; il sera traditionnel, presque régressif.

Il était précis et facile à connaître puisque écrit ; il sera désormais vague et malaisé à prouver.

Coutumier. — Sans doute dans le nouveau comme dans l'ancien royaume de Jérusalem le roi et ses hommes conserveront le pouvoir de faire des assises : Mais en fait ils ne parviendront pas à reconstituer les Lettres du Saint-Sépulcre. Ils ne s'attacheront plus à perfectionner un droit qu'ils ne peuvent plus bien connaître puisqu'ils en ont perdu la lettre. L'activité législative sera très faible.

Les anciennes assises et les anciens bons us du royaume de Jérusalem constitueront toujours le fonds du droit, mais leur caractère sera profondément modifié. Ils ne seront plus que de simples coutumes orales :

« Je enten que celui qui dit que ce est assise doit dire que les assises sont seues et provées par usage : car ce qui est usé en la court disant que ce est assise et ce que l'on a oi et entendu de sages homes qui jadis furent et qui assois seront dou fait de la court, ce tient l'on por assise ; autrement on peut l'on saver ne prouver les assises car elles furent en escrit ou en garde puis que Saladin prist Jérusalem (1).

1. Philippe de Novare, ch. 48.

Les assises et les bons us rédigés ne se distinguent plus des simples usages et à la fin du XIIIe siècle on appellera assise « tout ce que l'on a veu user et acoustumer et délivrer à la cour dou royaume de Jérusalem et de Chypre (1) ».

Régressif. — Ce droit tout traditionnel sera comme régressif. Perfectionner avait été la grande préoccupation du XII' siècle; se souvenir sera celle du XIIIe siècle. On s'efforcera d'appliquer « ce qu'on a veu user comme assise (2), » de retenir « ce que l'on a oi et entendu des sages homes qui jadis furent » (3). On rejettera des progrès nécessaires parce que contraire à ce qui fut. Des juristes reproduiront indéfiniment des principes tombés en désuétude (4), ou abolis par des assises plus récentes (5).

Imprécis. — Mais de tous les défauts du droit hiérosolymite le plus grave sera l'imprécision. Il sera imprécis pour deux raisons : d'abord parce que la preuve de la coutume positive deviendra extrêmement difficile à fournir, ensuite parce que le législateur négligera de fixer les points de droit restés incertains.

Le droit positif était si difficile à connaître que Philippe de Novare disait à un sien ami :

« Je vous deviserai plusors assises à bone foi et à grant doute je le fois... car nous les savons asseis povrement... et aucune fois à la vente de fié ou en aucune autre endroit dit on que l'assise est fornie que nous ne le savons mie bien, mais qui le dit à nète conscience et selon son entendement il ne peut autre faire (6). »

Dans tous les cas qui n'étaient pas absolument courants

---

1. Clef des assises, ch. 41. Beugnot, I, p. 582.

2. Philippe de Novare, ch. 47.

3. Philippe de Novare, ch. 48, etc...

4. Jean d'Ibelin décrit très longuement la procédure accusatoire, il ne dit presque rien de la procédure inquisitoire, il parle des peines de la trahison qui ne s'appliquaient plus.

5. Les livres des assises répéteront indéfiniment que le vassal doit se constituer prisonnier pour délivrer son seigneur. Or une assise d'Amaury avait décidé que les liges devraient seulement payer une contribution proportionnée à la valeur de leur fief (J. d'Ibelin, ch. 249, p. 397-398.

6. Philippe de Novare, ch. 47, p. 521.

et parfaitement connus des juges, on devait prouver le droit ; et c'était chose très difficile.

Il fallait rechercher le précédent judiciaire, mais ce précédent était malaisé à connaître et à interpréter : « en la court dou réaume ne juge l'on pas selon lé droit de la propriété dou plait dont la querelle est, ains juge l'on selon lés paroles que les parties ont dites ou fait dire (1). » Pour interpréter sainement un « esgart » il aurait fallu connaître les conclusions et les moyens des deux parties et même les plaidoiries tout entières.

Et puis ce jugement eût-il été parfaitement connu, il ne se serait pas imposé forcément au juge : « Esgart n'est pas assise ne ne deit estre tenu pour tel. »

Si le précédent judiciaire était imprécis ou contesté ou s'il manquait, pour prouver la coutume on devait recourir au record de cour ou même à des consultations de cour à cour (2). Mais ces records pouvaient donner les résultats les plus inattendus :

« Se je fusse en la court maisme et enssi dit mon avis ; après le plus jeune ou le plus simple de la cort dest chose qui me semblait que vausist meaus, si me devrai-je acorder » (3).

Le droit n'était pas seulement flottant parce que la coutume était trop difficile à prouver, il l'était encore parce que le législateur négligeait de fixer les points de droit que les anciennes assises n'avaient pas précisés. Il n'a jamais dit par exemple ce qu'il adviendrait si une femme maîtresse de fief se mariait sans le congé du seigneur et la question a été très longtemps débattue (4).

Rôle des juristes. — Sans doute les inconvénients que nous avons signalés sont graves et ils ont été durables ; sans doute à la fin du XIIIe siècle le droit était encore régressif (5) et au XIVe siècle il était encore bien imprécis ;

1. *Ibid.*, chap. 16.
2. Novare, ch. 48.
3. *Ibid.*, ch. 46.
4. *Ibid.*, ch. 86, cf. ch. 67.
5. Prologue du livre de Geoffroy le Tort ms. 12206 folio 177. Ce sont plusieurs chapitres — que Messire Jofroy le Tor — fit selonc ce qu'il aveit veu et user et entendu des anciens riches homes et autres

cependant il ne faudrait pas s'exagérer les conséquences fâcheuses de la perte des Lettres du Saint-Sépulcre (1).

Par suite de la disparition même de ces Lettres, les juristes ont exercé une influence très grande et très bienfaisante. Ils ont perfectionné le droit et sur bien des points ils l'ont fixé.

Au début du xiiie siècle, immédiatement après la perte des « Lettres » le rôle des tout premiers juristes fut probablement assez modeste. Les magistrats connaissaient encore les assises et les bons us et jugeaient de pratique. Mais bientôt les souvenirs se brouillèrent, les cas embarrassants surgirent et on recourut certainement aux sages hommes. Juges ils exprimèrent des opinions décisives dans les délibérations et dans les records ; conseillers, ils donnèrent des consultations aux plaideurs ; avant-parliers, ils prononcèrent des plaidoiries que les autres avocats purent utiliser ensuite. A côté de ce rôle, si j'ose dire officiel, les premiers juristes en eurent un autre moins visible, mais bien plus important. Ils ont été les éducateurs des grands auteurs du milieu du xiiie siècle.

Philippe de Novare et Jean d'Ibelin parlent avec reconnaissance de Raù de Tabarie, du vieux sire de Beyrouth, du sire de Saeste et de tous ces anciens sages hommes qui, en des conversations familières, leur ont appris les vieilles assises ; qui les ont conseillé dans les cas difficiles ; qui, d'un mot, leur ont donné la formation juridique (2). Le livre à un sien ami est en grande partie le résumé des conversations de ces vieux maîtres.

Ainsi formés par les premiers sages hommes, les grands juristes du milieu du siècle ont pu créer des théories nouvelles et écrire les livres des assises.

Par leurs théories nouvelles, ces juristes ont trouvé des solutions à des points restés obscurs ou non prévus par la

chevaliers que il aveit veus et qui les aveent seus par ciaus qui aveent esté devant eaus.

1. Le livre du Plédéant présente un droit qui est encore très loin d'être fixé.

2. Voir par exemple Philippe de Novare, ch. 49.

coutume positive, ils ont clarifié et perfectionné le droit, ils l'ont même développé et transformé.

Par leurs écrits ils ont donné aux juges et aux plaideurs un moyen facile de connaître et de prouver le droit ; ils ont précisé et fixé la coutume.

En étudiant la valeur et l'autorité des livres des assises, au cours du XIII⁰ siècle, nous verrons comment les écrits des juristes ont fixé la coutume.

Pour connaître l'influence de leur théorie on se bornera à citer brièvement un exemple. Les juristes ont considéré l'hommage comme une sorte de contrat synallagmatique entraînant pour le seigneur et pour le vassal des obligations réciproques et parallèles. Par là, ils ont profondément modifié leurs situations respectives.

En 1118-1131 sous Beaudoin II, une assise autorisait le seigneur à déshériter « à toujours » et sans jugement son homme s'il s'était rendu coupable de trahison apparente ou même « s'il avient que aucun home lige ne veut faire le comandement de son seignor de faire ce qui est reisnable chose de faire, si juge la raison qu'il det estre deserites a tojors (1) ».

Au XII⁰ siècle, on le voit, le seigneur avait sur son vassal des pouvoirs absolus, sans contrôle et sans limite. Toute autre sera la situation au XIII⁰ siècle.

Par une interprétation de plus en plus large du devoir de protection du seigneur, les juristes ont multiplié les obligations seigneuriales ; par l'élaboration d'une théorie nouvelle ils ont transformé le serment de foi en un contrat synallagmatique parfait ; ils sont arrivés à la fin du XIII⁰ siècle à faire modifier le cérémonial même de l'hommage.

Ces constructions doctrinales se sont formées progressivement.

Vers l'an 1200, le livre au roi parle déjà des devoirs de fidélité réciproque du roi et du lige qui ont échangé entre eux la foi :

« Au tant doit li rois de fei à son home lige et à sa feme

____

1. Livre au Roi, ch. 16 ; Beugnot, I, p. 617.

lige come l'ome lige doit à luy, et auci est tenus li rois de
guarantir et de sauver et de desfendre ses homes liges
vers toutes gens qui tort lor vorreent faire, come ses
homes liges sont tenus à luy de garantir le et de sauver
vers toutes gens (1). »

De cette déclaration de principes, l'auteur du livre, qui
était peut-être une créature de la reine Isabelle (2), ne tire
aucune conséquence. Il considère comme toujours applicable la vieille assise de Beaudoin II, il l'aggrave même,
puisqu'il autorise le seigneur à deshériter à toujours le vassal qui refuse le service hors du royaume (3).

Mais un demi-siècle plus tard, Jean d'Ibelin et Philippe
de Novare ne prévoient pas moins de douze obligations
seigneuriales signalées par une trentaine de chapitres différents (4). Toutes ces obligations dérivent du serment de
foi qui devient un contrat synallagmatique parfait (5) entraînant pour le seigneur et pour le vassal des obligations
analogues (6).

L'assise de Beaudoin a été complètement tournée. Le
vassal coupable de trahison apparente sera exécuté sans
esgart, dit Ibelin, mais il faudra que cette trahison ait été
apparente en cour, soit par un aveu, soit par la bataille
judiciaire. A la fin du XIII⁵ siècle Jacques d'Ibelin et la Clef
des assises exigeront formellement l'esgart de cour (7).
Au reste cette assise semble être tombée si entièrement en
désuétude que Jean Ibelin lui-même semble déjà ne pas
bien connaître les cas de trahison (8).

Au milieu du XIII⁵ siècle, l'hommage se fait encore suivant les formes traditionnelles. A genoux, les mains jointes,
le vassal jure de garder et de sauver son seigneur « et le

1. *Ibid.*, ch. 25, p. 624.
2. *Cf. ultra*, p.
3. Livre au roi, ch. 29.
4. Exactement 29, voir surtout Jean d'Ibelin, ch. 206, p. 330 qui
résume tout cet ensemble d'obligations.
5. Jean d'Ibelin, ch. 256, p. 400, etc.
6. *Ibid.*, ch. 206, 146, etc.
7. Ibelin, ch. 45 ; cf. Jacques d'Ibelin, ch. 24, clef des Assises,
ch. 243.
8. Ibelin, ch. 190.

seigneur « li deit respondre » et je vos en receis en Dieu feï
et en la mienne sauve mes dreis « et le deit baiser en fei
en la bouche » (1).

A la fin du royaume de Saint-Jean d'Acre au temps de
Jacques d'Ibelin et de Geoffroy le Tort, la réciprocité des
obligations seigneuriales et vassaliques est encore plus rigoureuse et plus nettement affirmée (2). Les formes mêmes de
l'hommage sont modifiées.

L'homme est encore à genoux, les mains jointes dans les
mains du seigneur, mais cette fois un tiers « un austre qui
devise l'omage doit dire (au vassal) « vos devenez home
lige dou roi et prometez à porter foy com à vostre lige, de
lui garder et sauver contre toutes riens qui vivre et morir
puissent » et puis doit dire au seignor « et vos le recevez en
la Dieu foy et en la vostre come vostre home lige » et les
deux doivent dire « oil » et se doivent entre baisier en
foy » (3) et (4).

Le caractère synallagmatique de l'hommage ou plus exactement de la foi dans l'hommage est maintenant nettement
dégagé. L'évolution est terminée. Toutes ces constructions
doctrinales si favorables aux petits vassaux ont été évidemment appuyées par la communauté des liges et par le roi pré-
occupé de combattre les grands barons. Elles ont rencontré
un milieu favorable. Mais si ce milieu a permis à ces théories
de se développer, il ne les a pas créées. Elles sont l'œuvre
des juristes et ce seul exemple permet de voir quel rôle
considérable les sages hommes ont joué dans l'évolution
du droit latin depuis le XIIIᵉ siècle.

1. Ibelin, ch. 195, p. 313.
2. Ibelin, ch. 195, p. 313.
3. Geoffroy le Tort, ch. 3, 4 et 5. Ici encore toutes les obligations
seigneuriales découlent de la foi. Les devoirs de fidélité seuls sont
réciproques. Les devoirs de service du vassal n'ont pas de contre-partie
bien nette. En d'autres termes, la foi est synallagmatique, l'hommage
est unilatéral.
4. Geoffroy le Tort, ch. 11. Beugnot, I, p. 445, cf. Jacques d'Ibelin,
ch. 1, p. 445.

Extension territoriale

Syrie. — Comme pendant la période précédente, le droit latin fut appliqué dans tout le domaine des rois de Jérusalem. Nous avons sur ce point des témoignages nombreux et précis. Les rois de Jérusalem juraient au moment du sacre de tenir et de maintenir « les assises et les bons us et les bones coutumes qui furent ordenées et faites ou dit royaume, c'est à entendre par *tout le royaume* (1) ». Les hommes du roy et les hommes de ses hommes juraient également de maintenir et d'appliquer les assises et les usages du royaume (2). Le grand vassal qui n'observait pas exactement dans sa cour seigneuriale les assises et les usages du royaume de Jérusalem pouvait être puni par la perte à vie de son fief (3).

Chypre. — Le droit des assises ne fut pas seulement appliqué dans le domaine des rois de Jérusalem, il fut encore adopté par le royaume de Chypre.

Chypre a d'abord eu des coutumes propres voisines peut-être, mais certainement distinctes de celles de Jérusalem (4). Au xiiie siècle les deux royaumes observaient un seul et même droit. Beugnot avait déjà signalé cette similitude ; il avait remarqué sous la plume de Jean d'Ibelin des

1. Jacques d'Ibelin, ch. I. Beugnot, I, p. 454.

2. Prologue de la Cléf des Assises. Beugnot, I, p. 577.

3. Jean d'Ibelin, ch. 200, p. 326, les cours bourgeoises comme les cours féodales observaient un droit uniforme « mais de celes choses l'on doit plaidier encort par la lei et par l'assise si, com nous avons mostre desous si deit on dire tout premiérement et doit bien estre oi *en toutes cors par tot le réaume de Jérusalem* ». *Livre des ass. des bourgeois*, ch. 24. On pourrait multiplier les citations.

4. Le premier droit chypriote, s'il faut en croire Macheras, qui écrivait au xve siècle plus de deux cents ans après les événements, aurait été rédigé de la même façon que le droit hiérosolimite d'après le récit de Jean d'Ibelin : « Les seigneurs rédigèrent des assises dans leur intérêt ordonnant que le roi lorsqu'il ceindra la couronne dans l'église jurera sur les évangiles d'observer et de confirmer les assises et toutes les bonnes coutumes du royaume, y compris les privilèges de Sainte Église » (Macheras, *Chron. de Chypre*, éd. *Miller et Sathas*, t. II, p. 18. Plus loin, il dit encore : « ils commencèrent la construction de Sainte-Sophie ; *ils rédigèrent les assises*, assurèrent leurs revenus, etc., *ibid.*, p. 20.

phrases comme celles-ci « ceci est l'assise du royaume de Jérusalem et de Chypre » « ainsi juge-t-on en la cour du royaume de Jérusalem et en celle de Chypre » etc.

Beaucoup de passages sont encore plus précis; Geoffroy le Tort (1), Hugues III (2) et Philippe de Novare (3) disent très nettement que l'on était tenu en Chypre d'observer le droit du royaume de Jérusalem.

Mais il y a mieux ; il est facile de savoir pourquoi on était tenu en Chypre d'observer les assises de Jérusalem, et il est possible de déterminer quand ces assises ont commencé à être appliquées en Chypre.

On observait en Chypre le droit de Jérusalem, parce que « l'on y a juré de ténir les us et coustumes et assises dou royaume de Jérusalem » (4). Philippe de Novare nous apprend que c'est le roi Henri Ier de Chypre et ses hommes liges qui ont prêté ce serment (5).

La prestation de ce serment est postérieure au printemps 1230 et elle est antérieure à l'année 1233. Elle date probablement du mois de mai 1232.

En juillet-août 1228, l'empereur Frédéric II était en Chypre et il réclamait au vieux sire de Beyrouth (6) d'une part le château de Beyrouth situé dans le royaume de Jérusalem et d'autre part le compte des revenus perçus en Chypre comme baile du jeune roi de Chypre Henri Ier. Jean d'Ibelin le Vieil répondit qu'au sujet du château de Beyrouth (situé en Syrie) il était prêt à « fournir reison et dreit en la court ou royaume de Jérusalem » (7). Quant aux rentes du baillage de Chypre, ajouta-t-il, je les ai remises à la reine-mère Alice « selon nostre usage et ce vous de ce me requérés droit je vous en forniray raison par les us et par la court dou royaume de Chypre » (8).

1. Géoffroy le Tort, ch. 1, Beugnot, I, p. 444.
2. Documents relatifs au service militaire. Beugnot, II, p. 428.
3. Ch. III. Beugnot, I, p. 478.
4. Documents relatifs à la successibilité au trône. Beugnot, II, p. 406.
5. Philippe de Novare, ch. 47, p. 521.
6. Oncle de Jean d'Ibelin le célèbre juriste.
7. *Mémoires de Philippe de Novare*, ch. 24, p. 16, éd. Hohler Champion 1913.
8. *Mémoires de Philippe de Novare*, ch. 27, p. 17 de l'éd. Hohler.

C'est net. Si le vieux sire Beyrouth propose de répondre devant la Cour de Jérusalem pour son fief de Syrie, il demande qu'on juge devant la Cour de Chypre, selon les usages de Chypre, la question des rentes du baillage de Chypre. Ce discours de Jean d'Ibelin le Vieil a pu être imaginé après coup par l'historien. Mais cet historien, qui fut du reste témoin de l'entrevue, est le jurisconsulte Philippe de Novare. Mieux que personne, Philippe savait ce qu'était en 1228 (1) le droit de Jérusalem et celui de Chypre. Il est donc permis d'affirmer qu'à cette époque Chypre appliquait un droit propre mais non pas encore le droit de Jérusalem.

Depuis cette entrevue du mois de mai ou juin 1228 le roi Henri fut comme prisonnier de l'empereur et de ses créatures. C'est seulement au printemps 1230 que le jeune prince fut rendu à ses hommes. Le roi Henri et ses liges n'ont donc pas pu jurer les Assises de Jérusalem avant le printemps 1230 (2).

Mais à l'époque de la prise de Cérines — printemps 1233 (3) — le roi Henri et ses hommes avaient déjà juré les assises de Jérusalem (4). Le serment ne devait pas être bien ancien, puisque les chevaliers et sergents de soudée chypriotes ne savaient pas comment réclamer au roi l'arriéré de leur paie d'après l'assise de Jérusalem (5). C'était cependant une assise d'un emploi bien fréquent (6) !

Le droit de Jérusalem avait certainement été juré avant la prise de Cérines, car, au début même du siège, à la suite d'une tentative d'assaut malheureuse, le sire de Beyrouth regretta de n'avoir pas invoqué une assise du

1. En 1228, Philippe de Novare devait avoir de 30 à 40 ans et il était en Orient depuis dix ans au moins.

2. Philipe de Novare en particulier qui a certainement juré les assises avec le roi (*livre de Philippe de Novare*, ch. 47. Beugnot, I, p. 521) n'a certainement pas vu le roi entre 1228 et 1230. (*Mémoires de Philippe de Novare*, ch. 27 à 72.

3 *Mémoires de Philippe de Novare*, ch. 156, cf. *Chronologie de Kohler*, p. 137.

4. Philippe de Novare, ch. 38. Jean d'Ibelin, ch. 239.

5. *Ibid.*

6. Le ch. qui est des soudoiers uson nos tozgors si souvent que chacun le devrait savoir ce me semble (*Philippe de Novare*, ch. 55).

roi de Jérusalem Amaury I⁰ʳ qui autorisait les chevaliers à refuser d'assiéger les châteaux ou places-fortes et en général de prendre part à un combat auquel on devait se rendre à pied (1).

Il est probable que c'est en mai 1232, au moment de sa majorité, que le roi Henri et ses hommes ont juré les assises de Jérusalem (2). Il y eut alors en Syrie une réunion générale des liges de Chypre; des concessions importantes furent accordées aux Génois; une expédition sur Chypre pour reprendre l'île aux créatures de l'Empereur fut décidée (3).

Il est du moins certain que c'est au cours des luttes contre Frédéric II que les assises de Jérusalem ont été jurées. Ceci suffit pour deviner le motif de ce serment. L'empereur avait obtenu du roi enfant la foi et l'hommage et des hommes de Chypre la foi sans l'hommage. Il s'était ensuite saisi sans jugement de plusieurs fiefs et du royaume même de Chypre. Or, une assise de Jérusalem établie par le roi Amaury I⁰ʳ avait décidé que tous les possesseurs de fiefs situés dans le royaume devaient au chef

1. *Mémoires de Philippe de Novare*, ch. 144.

2. Il y eut en 1231 à Nicosie une cour plénière. Le sire de Beyrouth y demanda au roi Henri, au nom des services rendus et des liens de parenté, et aux hommes liges de Chypre comme frères et amis, de bien vouloir l'accompagner en Syrie et de l'y aider à secourir le château de Beyrouth qu'assiégeaient contre tout droit les bailes de Frédéric II (*Mémoires de Philippe de Novare*, ch. 82, 3 et 4). Je ne crois pas que les assises de Jérusalem aient été jurées dès cette époque. Le roi était encore mineur. C'eut été sans doute le bail et les hommes liges qui auraient juré les assises et non pas *le rei et li home liege* comme le dit Philippe de Novare (ch. 38, Beugnot, I, p. 515). Et il ne semble pas qu'il faille voir dans la demande du sire de Beyrouth une application de l'assise d'Amaury (cf. *ultra*) et cela pour deux raisons: d'abord parce que le sire de Beyrouth prie le roi et les vassaux de l'accompagner alors que, d'après l'assise d'Amaury, il aurait dû les en requérir; ensuite il appelle les vassaux ses frères et amis; d'après les assises, il aurait dû les appeler ses pairs. Si j'attache de l'importance aux termes mêmes du discours prononcé par le sire de Beyrouth ou prêté au sire de Beyrouth, c'est que ce discours nous est rapporté par le jurisconsulte Philippe de Novare.

3. *Mémoires de Philippe de Novare*, ch. 114.

seigneur, c'est-à-dire au roi ou au bail, l'hommage lige ;
mais que par contre si le roi négligeait de secourir un
vassal menacé dans sa personne ou dans ses biens, s'il
l'emprisonnait ou s'il le dessaisissait sans jugement, tous
les hommes liges du royaume, qui tous étaient pairs,
devraient s'unir et s'armer pour remettre leur compagnon
en liberté ou en possession de ses biens (1). Le roi com-
mettait même un crime de « foi mentie » et pouvait être
privée de sa seigneurerie. Cette assise était évidemment une
arme excellente contre Frédéric II, et elle explique, semble-t-il, l'adoption par les Chypriotes du droit de Jérusalem.

Romanie. — Les Assises de Jérusalem ont certainement
eu une grande influence sur la formation et le développement des Assises de Romanie, mais je laisse entièrement
de côté cette question, M. Recoura devant faire paraître
prochainement un travail très important sur le droit de
l'Empire latin de Constantinople.

Les sources

Le droit du XIIIe siècle est particulièrement aisé à connaître, puisque tous nos livres des assises sauf ceux du
plédéant et du plaidoyer ont été écrits pendant cette
période.

On va les examiner successivement, s'efforçant de déterminer la personnalité de l'auteur et d'indiquer la valeur
de chacun de ces livres.

Le Livre au Roi

Personnalité de l'auteur. — Nous ignorons le nom de
l'auteur du Livre au Roi et rien ou presque rien de sa personnalité n'apparaît dans son œuvre.

Cependant dans les chapitres 12 et 13, en parlant des
droits de restor que l'homme lige soldé peut exiger du trésor royal pour l'entretien de ses chevaux, l'auteur emploie

1. Philippe de Novare, ch. 50 et suivants. Jean d'Ibelin, ch. 195
et suiv.

la forme personnelle : « Je dés avoir mon restor », alors que dans les autres chapitres il emploie toujours une forme impersonnelle. N'y a-t-il là qu'une simple faute de rédaction ? Ou bien au contraire l'auteur a-t-il employé une formule semblable en parlant du droit des liges parce qu'il était lui-même un lige soldé du roi ou de la reine ? Il est difficile de répondre à pareille question. Notons cependant que son livre est assez favorable au pouvoir royal. L'autorité du roi y apparaît beaucoup plus forte que dans les traités de Jean d'Ibelin ou de Philippe de Novare. Il ne faudrait certes pas y voir une preuve indiscutable de partialité. La chose s'explique en grande partie par des différences de date. Au cours du xiii° siècle, on l'a vu, les devoirs du chef seigneur et des seigneurs se sont multipliés. La théorie de la réciprocité des obligations seigneuriales et vassaliques s'est développée et précisée. De plus, le Livre au Roi lui même déclare que le roi « doit autant de foi à son home lige come l'home lige doit à luy » (1). Il y a même des chapitres qui traitent des droits des liges (2).

Cependant il semble bien que l'auteur parle plus volontiers des droits du roi que de ses devoirs. Il ne traite qu'assez sommairement de l'assise d'Amaury (3). Il ne dit rien de ce droit redoutable qu'avaient les liges de se coaliser et de gager tous ensemble le chef seigneur de leurs services pour l'obliger à respecter les droits de chacun d'eux. Au contraire la vieille assise de Beaudoin, si favorable au roi et si défavorable aux vassaux, est citée tout au long (4) et de nombreux chapitres en précisent toutes les conséquences (5).

L'auteur était peut-être un dévoué de la reine Isabelle. Les chapitres 4, 5, 6 qui affirment que la fille aînée d'une reine remariée doit hériter du trône de préférence aux fils et filles nés d'un mariage postérieur, semblent n'avoir d'autre but que de défendre les droits de Marie de Mont-

1. Livre au Roi, ch. 25, p. 624.
2. Livre au Roi, ch. 28 à 32.
3. Livre au Roi, ch. 25 (sur l'assise d'Amaury, voir p.   ).
4. Livre au Roi, ch. 16.
5. *Ibid.*, ch. 21 à 26.

ferrat contre les prétentions possibles d'Amaury pour son fils (1).

Mais tout ceci n'est qu'une simple hypothèse. Il n'est nullement démontré que l'auteur du livre ait été une créature de la reine Isabelle, ni qu'il ait été un lige soldé; ses tendances absolutistes elles mêmes ne sont pas certaines.

Valeur intrinsèque. — La personnalité de l'auteur n'apparaît nulle part, son œuvre se présente sous une forme très objective. Ceci a vivement frappé Beugnot et Paulin Paris « au lieu d'argumenter sur les assises et les coutumes, il en donne le texte précis ; son livre a toutes les apparences d'un code et ne ressemble en rien à un ouvrage de jurisprudence ; loin de chercher ce qui constitue la loi, l'auteur la déclare avec autorité et précision » (2). Beugnot croit expliquer ces caractères en affirmant que le droit d'Acre devait avoir une grande fixité (3). Paulin Paris suppose que le livre reproduit le droit rédigé des Lettres du Saint-Sépulcre (4).

Il est mieux inspiré, car il semble bien en effet que parfois l'auteur répète par cœur et mot à mot de vieilles assises. C'est presque certainement le cas au chapitre 16 et dans d'autres encore (5) Il est possible que la connaissance précise des Lettres du Saint-Sépulcre lui ait fourni une base solide. Mais il procède sans cesse par affirmation : « Bien sachez que s'il avient »... tel cas on jugera de telle manière « par droit et par l'assise dou réiaume de Jérusalem ». C'est de cette façon qu'est rédigée plus de la moitié des 52 chapitres du livre.

Il est permis de supposer qu'à l'ordinaire l'auteur expose sous cette forme précise et tranchante une vieille coutume bien fixée. Mais ce n'est pas toujours le cas (6).

1. Voir plus haut, p. 47 à 50.
2. Beugnot, *Assise de Jérusalem*, t. I, p. lxvi.
3. *Ibid.*
4. *Journal des Savants*, année 1867.
5. Cf. plus loin, p. 122-123.
6. A propos des coups et force, le Livre au Roi est d'une nuance plus affirmative que Philippe de Novare qui cite cependant l'opinion d'un contemporain de ce livre : le vieux sire de Beyrouth (Cf. Livre au Roi, ch. 41, 17, etc. Philippe de Novare, ch. 75, 77, etc.).

Au chapitre 31 par exemple, le Livre au Roi nous dit :
« Bien sachez que s'il avient qu'une femme lige prent baron
(mari) sans congé de son seigneur... elle devra être deshérité
à tozjors par droit et par l'assise. » Or Philippe de Novare
nous apprend qu'au début même du xiiie siècle, ce point
de droit n'était pas du tout fixé, et que les meilleurs juristes
proposaient des solutions très diverses (1). Est-ce simple
hasard ? Des différentes solutions envisagées, celle que propose, ou plutôt qu'impose le Livre au Roi est précisément
la plus favorable à l'autorité royale.

Cependant l'auteur n'est pas sans mérite. Il n'est pas un
juriste puissant, un grand constructeur de théories, mais il
a l'esprit très juste et il sait raisonner en droit. A des questions concrètes et limitées il apporte des réponses simples,
claires et bien argumentées (2).

Autorité du Livre. — Malgré ses qualités le Livre au Roi
ne paraît pas avoir eu beaucoup d'autorité.

Philippe de Novare l'a probablement connu puisque, sans
le citer, il en reproduit textuellement un des chapitres (3).
Mais ni lui ni Jean d'Ibelin ne semblent s'en être inspirés
bien souvent. Le droit qu'ils décrivent ou qu'ils construisent
est bien différént de celui de notre livre. Il ne faut pas s'en
étonner. Tout l'effort doctrinal du xiiie siècle a tendu à
transformer les rapports de vassal à seigneur (4). Et le Livre
au Roi qui ne parle guère que de cette question, se borne
à répéter de vieilles assises qui allaient tomber en désuétude. Il était voué à l'oubli.

Valeur documentaire. — Mais ceci ne diminue pas la
valeur documentaire de l'ouvrage. Pour l'historien le Livre
au Roi présente une particularité intéressante. Tous les
autres livres d'assises que nous possédons ont été écrits
à une époque où on ne connaissait qu'imparfaitement et
par ouï-dire les vieilles assises du royaume de Jérusalem.
Au contraire le Livre au Roi fut composé peu de temps après

1. Philippe de Novare, ch. 86, p. 599-600.
2. Ch. 22, 20, 21, etc...
3. Livre au Roi, ch. 29, Novare, ch. 58. Il se pourrait cependant
que les deux auteurs reproduisent une source commune.
4. Cf. p. 90 et suiv.

la perte des Lettres du Saint-Sépulcre, sous le règne même du roi Amaury qui voulait, avec le concours de Rau de Tabarie et de quelques autres, « retraire » de mémoire les Lettres du Saint-Sépulcre. Les souvenirs étaient si précis qu'Amaury « disoit que il entendoit que il recorderoient bien tout et moult poi en faudrait » (1).

L'auteur du Livre au Roi devait donc connaître admirablement le droit du premier royaume de Jérusalem ; il devait en savoir par cœur les principales assises, et il aurait pu nous en donner le texte presque complet, s'il l'avait voulu. Malheureusement il ne l'a pas voulu. Il a parlé seulement des droits et des devoirs du chief seigneur et des vassaux et sur ce point même il n'a pas tout dit. De plus, il a traité la matière suivant un plan personnel ne reproduisant jamais, ou presque jamais, le texte complet des assises et se contentant le plus souvent de présenter les questions et de les résoudre à sa façon. Aussi le livre ne nous fournit-il sur le premier droit hiérosolymite que des renseignements fragmentaires. Enfin il n'est pas toujours facile de déterminer la valeur exacte de chacun de ces renseignements, de savoir si l'auteur a résumé une vieille assise ou si, au contraire, il l'a interprétée d'une façon originale. Le livre ne peut donc être utilisé qu'avec circonspection. Quelquefois cependant on peut être assuré de la conformité de tel chapitre du livre avec les anciennes assises.

Il est évident, par exemple, que le chapitre 16 reproduit presque textuellement un établissement de Beaudoin II. Il est certain aussi que beaucoup de chapitres voisins qui ne font que compléter, préciser et appliquer cet établissement, sont conformes au vieux droit. Comment ne pas croire l'auteur quand il nous dit au chapitre II qu'il applique ici une assise du roi Baudoin ?

A propos de la tutelle des femmes, de la succession aux fiefs, de l'hérédité entre femmes, de la répression de certains délits, il est également possible de constater la parfaite conformité qui existe entre les solutions du Livre au

____

1. Philippe de Novare, ch. 47, p. 523.

Roi et les commentaires historiques que donne Philippe de Novare.

En résumé le Livre au Roi est très généralement véridique et il présente un droit bien différent de celui que décrivent les livres postérieurs (1).

Il a donc un grand intérêt historique et il mérite d'être examiné de très près. Il est certainement, pour l'histoire du droit féodal ancien, notre source la plus importante après le livre de Philippe de Novare.

Le « Livre des Assises des Bourgeois »

Personnalité de l'auteur. — L'auteur du *Livre des Assises des Bourgeois* est inconnu et son œuvre tout objective ne fournit aucune indication sur sa personnalité.

Valeur intrinsèque. — Le *Livre des Assises des Bourgeois* est un des documents juridiques les plus importants que nous ait légués l'Orient Latin. En plus de trois cents chapitres il traite de toutes les questions qui étaient de la compétence des cours bourgeoises. Il parle de l'organisation judiciaire, de la procédure, du droit maritime, de la condition des indigènes (serfs, esclaves, affranchis ou libres), des régimes de la propriété, du droit matrimonial, des contrats en général.

Cependant le *Livre des Assises des Bourgeois* a de graves défauts.

L'auteur devait être très savant. Il a cherché à amalgamer le droit romain et le droit hiérosolymite et il a émaillé son œuvre de citations tirées du droit écrit, des décrétales et des saintes Ecritures. Mais ce savant n'avait aucune puissance créatrice et on chercherait vainement dans tout son livre un seul raisonnement bien personnel, une seule théorie complètement originale. Sans cesse il s'occupe de

---

1. Les manquements des vassaux sont ici punis plus sévèrement, les droits civils de la femme sont beaucoup plus étendus, les règles successorales sont différentes, les vassaux ne peuvent pas encore avoir plusieurs seigneurs, etc...

cas concrets et jamais il ne dégage une règle générale (1).

On pourrait lui adresser un autre reproche. Il procède toujours par affirmation ; il termine presque tous ses chapitres par des mots comme ceux-ci « car ce est dreit et raison par la lei et par l'assise de Jérusalem ». On croirait en lisant le *Livre des Assises des Bourgeois* que la coutume était alors complètement fixée, alors qu'au xiv° siècle tant de questions qu'il présente comme solutionnées restaient discutées (2). On croirait aussi en lisant le livre que toutes les règles romaines qu'il reproduit étaient acceptées par la jurisprudence et faisaient partie intégrante du droit syrien (3), alors que certaines de ces règles ne correspondent évidemment plus aux habitudes du moyen âge (4) et se trouvent contredites par les développements que donne l'auteur lui-même dans les chapitres suivants (5).

Ces citations romaines du *Livre des Assises des Bourgeois* ont égaré la critique moderne. On a cru voir un reflet de la pratique courante dans ce qui n'était en réalité que l'œuvre toute personnelle d'un auteur isolé. On a cru le droit latin très romanisé, alors qu'il ne le fut pas du tout. On ne trouve presque aucune allusion au droit écrit, ni dans les chartes privées, ni dans les livres des assises de la haute cour. Les livres du plédéant et du plaidoyer, qui traitent cependant du droit roturier, et qui datent du xiv° siècle, ne parlent jamais du droit romain que quand ils reproduisent un chapitre du *Livre des Assises des Bourgeois*.

L'auteur a suivi un plan tout à fait défectueux, et qui n'est nullement adapté à la matière à exposer. Il est permis de se demander s'il n'a pas repris les grandes divisions de quelque livre de droit romain, et s'il n'a pas essayé de faire rentrer dans ce cadre, tout le droit non féodal de l'Orient latin. C'est peut-être pour cela que sous le vocable

1. Ch. 30, 35, 36, 38, etc...
2. Les livres du plédéant et du plaidoyer nous démontrent que le droit était encore très imprécis et très mal fixé en plein xvi° siècle sur nombre de points étudiés par le *Livre des Assises des Bourgeois*.
3. Voir par exemple ch. CXI, CXII, CXIII qui parlent de la société.
4. Par exemple ch. L où il parle de peser l'or et l'argent.
5. Par exemple ch. L et suivants.

de contrat de bonne foi, il traite du droit maritime (Ch. XLII
à XLIX) et qu'il consacre tout un titre au contrat de société,
sur lequel il n'a presque rien à dire d'intéressant (ch. CXI,
II, III). C'est pour cela aussi peut-être que dans la division consacrée au prêt il s'étend sur la condition des per-
sonnes (ch. C à CXVI) que dans la division consacrée aux
testaments, il parle si longuement des serfs (CLXXXIV à
CCXIII) ; que dans les divisions consacrées aux donations
(ch. CCXIII à CCXXVIII) aux objets perdus (CCXXIX à
CCXLIV), au vol (ch. CCXLIV à CCLII) ; aux coups
et blessures (CCLIII à CCLXXVI) ; ou au meurtre
(ch. CCLXXVII et suivants) il traite des questions les
plus diverses et les plus étrangères à la matière annoncée.

Autorité du livre. — L'autorité qu'a pu avoir le *Livre des
Assises des Bourgeois* n'est pas très facile à déterminer.
Nous savons seulement que cent ans plus tard, quand au
milieu du xive siècle parurent les livres du plédéant et
du plaidoyer, le droit bourgeois était encore flottant et
imprécis. Le livre des assises des bourgeois n'avait donc
pas pris une autorité suffisante pour fixer la coutume. C'est
à la fin du moyen âge et à une époque où la coutume avait
beaucoup évolué que le *Livre des Assises des Bourgeois*
semble avoir eu le plus de prestige. Au xve siècle les
copistes des manuscrits grecs attribuèrent notre livre à
Godefroy de Bouillon lui-même (1) et au xvie siècle, en 1591,
les commissaires vénitiens le firent traduire en italien.

Valeur documentaire. — L'autorité du livre étant malaisée à connaître, sa valeur documentaire est par là même
difficile à préciser.

Il faut évidemment distinguer dans le livre :

A. — Les chapitres qui reproduisent le droit romain.

B. — Ceux où l'auteur s'efforce d'expliquer et de légitimer le droit coutumier en le déduisant du droit romain, du
droit canonique ou des livres saints.

C) — Les chapitres qui exposent simplement la coutume
contemporaine.

A. — Les chapitres de droit romain ne nous renseignent

1. Cf. Beugnot, p. xxxviii, note 1.

certainement pas sur le droit contemporain à l'auteur. Il se peut que quelques-uns d'entre eux se soient imposés à la pratique postérieure grâce à l'autorité du livre. Mais c'est là une question assez délicate, très difficile à résoudre, et somme toute assez peu importante.

B. — Quant aux chapitres mi romain mi coutumiers, ils sont d'une critique très délicate. Il faut distinguer dans ces chapitres ce qui est du droit romain de ce qui est du droit coutumier. Cette distinction sera parfois difficile à établir (1). Au chapitre 22 par exemple, l'auteur expose sur les matières qui peuvent faire l'objet d'un jugement des considérations toutes romaines, et il est très difficile de savoir dans quelle mesure cette théorie personnelle à l'auteur se rapproche de la pratique de son temps.

Fort heureusement la discrimination est d'ordinaire plus facile. Le chapitre XV du livre nous parle de l'interdiction pour le filius familias de plaider contre son père, pour l'affranchi de plaider contre son ancien maître. Cette fois la simple lecture permet de découvrir qu'en pratique le droit coutumier fixait la majorité et le droit d'ester à 15 ans, qu'il ne s'était jamais occupé d'interdir au fils de plaider contre le père, mais que le droit hiérosolymite interdisait à l'esclave sarrasin affranchi par le baptême de plaider contre son maître ou la famille de son maître, sous peine d'avoir la langue coupée et de payer une amende de 5o besants. Ici il n'y a pas de difficulté, on peut aisément retrouver la coutume du XIIIe siècle et écarter le droit romain. Il en est heureusement ainsi le plus souvent.

C. — Quant aux chapitres qui reproduisent purement et simplement le droit coutumier, ils ont une valeur documentaire très grande. Ce sont les plus nombreux, et ce sont eux qui donnent au *Livre des Assises des Bourgeois* tout son prix.

Mais cependant en utilisant ces chapitres eux-mêmes, il ne faudra pas oublier que l'auteur procède sans cesse

1. Cette opération difficile n'est même pas suffisante. Il faudrait encore se demander si la solution romaine ne s'est pas ensuite imposée à la pratique grâce à l'autorité même du livre.

par affirmation, et que la coutume n'était sans doute pas toujours aussi précise et aussi fixée qu'on pourrait le croire en lisant son œuvre.

Des citations savantes, des renvois au droit romain ou aux Saintes Écritures, voilà ce qu'il y a de personnel à l'auteur, et pour nous de secondaire dans le *Livre des Assises des Bourgeois* ; un exposé détaillé des usages du temps, voilà ce qu'il y .v d'objectif et d'important.

Le Livre de Philippe de Novare

Biographie. — Philippe de Novare, l'auteur du *Livre de forme de plaid* n'est pas un inconnu. Nous avons des renseignements sur sa vie, et nous possédons la plus grande partie de ses œuvres.

Il est certainement originaire d'Occident (1) et probablement de Novare en Italie (2), puisque tous les documents l'appellent Philippe de Novare.

Il devait être jeune quand, en 1218, il assista au premier siège de Damiette avec Pierre Chape (3). C'est là que le grand juriste Rau de Tabarie (Raul de Tabériade) s'intéressa à notre auteur et l'initia aux subtilités de la procédure et à la science des assises (4).

Philippe paraît avoir épousé une syrienne et avoir été veuf de bonne heure. Son fils Balian était jeune chevalier en 1243 (5). Les biographes qui placent la naissance du grand

1. « Et comment et par quoi il (Philippe de Novare) vint de çа la mer » *les Quatre âges de l'homme*, éd. Fréville, p. 122.
2. Et non pas Philippe de Navarre ainsi que l'a établi Gaston Paris : « Philippe de Novare » dans *Romania*, t. 19, (année 1890, p. 96-102).
3. Livre de Philippe de Novare, ch. 49. Beugnot, I, p. 525. Kohler, *Mémoires de Philippe de Novare*, p. III et IV, et les biographes antérieurs disent que Philippe était écuyer de Pierre Chape. Le texte prouve qu'il était homme de Pierre Chape, mais il ne permet pas d'affirmer qu'il en était l'écuyer.
4. Philippe de Novare, ch. 49.
5. *Mémoires de Philippe de Novare*, éd. Kohler, ch. 179, p. 97.

feudiste en 1195 ne doivent pas être éloignés de la vérité (1).

Philippe de Novare fut un vassal très fidèle de la puissante famille d'Ibelin. Il parle avec respect du vieux sire de Beyrouth. Il affectionne tout particulièrement Balian à Ibelin, dont il semble avoir été l'homme lige (2). Il dédia son *Livre de forme de plait* à Jean d'Ibelin (3) « son jeune seigneur qu'il aimait ». Le vieux sire de Beyrouth fut le parrain de Balian, fils de Philippe.

S'il faut en croire ce qu'il dit sur lui-même dans ses propres mémoires, Philippe aurait rempli pendant la guerre en Chypre des Ibelin contre Frédéric II, des missions très importantes et il s'en serait acquitté très brillamment. Ce serait lui qui, après la mort de l'empereur, aurait décidé les liges de Syrie à élire la reine Alice régente du royaume.

Ce service fut largement payé. Philippe de Novare en « fu honoré et riche » car la reine « li donna mille sarazinas de fié et li fist payer sa dete qui bien monta mille mars d'argent. Philippe fu baillys et tous sires et tant assembla de rentes... (4) »

Les mémoires de Philippe de Novare, ou du moins la partie que nous en possédons, s'arrêtent à l'année 1243 et nous sommes bien peu renseignés sur la fin de sa vie.

En 1253, il fut exécuteur testamentaire du roi Henri Ier avec Guy d'Ibelin et Robert de Montgisors (5).

Il n'a pas dû écrire ses mémoires avant l'année 1252, puisqu'on y lit cette phrase : « Messire Jehan d'Ibelin qui puis fu comte de Japha... » (6) Or c'est probablement peu

---

1. Kohler, Philippe de Novare, *Mémoires*, p. IV.

2. Le 15 juin 1232 à la bataille de la Gride, 5 chevaliers seulement restèrent auprès de Balian d'Ibelin excommunié « de ceaus cin 1 un estait Philippe de Nevaire et l'autre Reymond de Flace ; ces deux estoient ses homes et tenoient de luy ». *Mémoires* de Philippe de Novare, éd. Kohler, ch. 127, p. 76. Philippe était donc l'homme de Balian d'Ibelin en 1232 et du vivant même du vieux sire de Beyrouth décédé en 1236. Contra Kohler, Philippe de Novare, *Mémoires*, p. IV.

3. Cf. p. 112, note 3.

4. Philippe de Novare, *Mémoires*, ch. 177 ; Kohler, p. 96 ; pour l'ensemble du récit, voir page précédente.

5. De Mas Latrie, *Histoire de l'île de Chypre*, t. III, p. 652.

6. Philippe de Novare, *Mémoires*, ch. I, p. 24.

avant 1252 que Jean d'Ibelin devint comte de Japha (1).

Un peu plus tard, il écrivit pour un sien ami, son livre de forme de plait qu'il a dédié à Jean d'Ibelin (2).

A plus de soixante-dix ans, il compose son traité de morale qui nous est parvenu : *Les quatre âges de l'homme* (3).

Il se peut qu'après cela il ait encore tenté de refondre son livre de forme de plait (4).

Nous ignorons, la date de sa mort (5). En 1264, il était vivant et passait pour le « meillor pleidiour de ça la mer » (6).

Philippe devait être en effet un merveilleux avocat, c'était un esprit extraordinairement subtil. De cette subtilité on trouve maintes traces dans son œuvre. Le raisonnement sur lequel il a basé le droit au trône de la reine Alice est un chef-d'œuvre d'habileté (7). Ceci du reste n'excluait pas chez lui la plus scrupuleuse probité. S'il connaît les échappatoires de procédure, il en déconseille l'emploi (8). Il se fait du rôle et des devoirs du défenseur, l'idée la plus haute. Il a écrit à ce sujet des pages superbes, les plus belles peut-être de son œuvre (9). Il sait défendre

1. C'est en tout cas en 1252 que le pape confirme la donation du comte de Japha. De Mas Latrie, *Histoire de l'île de Chypre*, t. II, p. 66 ; t. III, p. 643, 650. Cf. Rey ; Famille d'outre-mer, p. 348.

2. C'est du moins ce qu'affirme le manuscrit italien 28, p. 10 : « Si trova un altra operetta composta da un cavaglieri ditto ms. Philippo de Noviara della forma del litigare che e delle prime opere scritte da poi perse le assise Hierusalem laquale hui drizza al un conte del Jaffa ditto Joane Ibelino el quale poi composa el libro deli assise del alta corte... »

3. Philippe de Novare, *Les quatre âges de l'homme*, éd. de Fréville, p. 122-123.

4. Cf. plus haut p. 70 et suiv.

5. D'après Langlois dans *Histoire de France de Lavisse*, t. III, p. 410, Philippe serait mort en 1285. Je ne sais sur quel document s'appuie l'éminent historien qui ne cite aucune référence.

6. Document relatif à la successibilité au trône, Beugnot, II, p. 404. Ces plaidoiries ont été prononcées en 1264 ; cf. *Ræhricht gesch. d. Kœnigsreich Jerusalem*, p. 923.

7. Philippe de Novare, *Mémoires*, ch. 169 à 171, p. 93-94.

8. Livre de Philippe de Novare, ch. 89, etc., Beugnot, I, p. 562, ch. 17, p. 492.

9. *Ibid.*, ch. 93, p. 567 ; ch. 94, p. 569.

M. Grandclaude   9

le faible et dans le livre même de plait destiné au puissant comte de Jaffa, il ne craint pas de blâmer les grands (1). Philippe de Novare était certainement un beau caractère de chevalier.

C'était aussi un écrivain des plus honorables. De Fréville (2) et Kohler (3) qui ont édité ses œuvres, Langlois (4) qui lui a consacré une étude remarquable ont justement vanté ses qualités littéraires.

Mais nous n'avons à nous occuper ici que du livre de forme de plait.

Le livre de forme de plait

Philippe de Novare écrivit son livre de forme de plait « pour un sien ami, aprendre et enseigner » et pour lui faire connaître « ce que je porai dou mestier de forme de plait » (5). Ce but assez modeste, Philippe l'a parfaitement atteint, mais il ne l'a pas dépassé. Son livre est un excellent traité didactique, un très bon guide pratique ; ce n'est pas un ouvrage hautement original.

Il est un traité didactique. — C'est un traité didactique et du traité didactique le livre de Philippe de Novare a toutes les qualités essentielles : il est méthodique, il est précis et concis.

Méthodique. — Philippe de Novare était un esprit méthodique et il a su diviser son livre de façon simple et commode.

Après un bref prologue (6), il commence par indiquer comment un avocat doit déposer ses conclusions (7), puis

1. Livre de forme de plait, ch. 92, p. 566 ; 94, p. 569. Nombreuses preuves dans *Les quatre âges de l'homme* relevées par Langlois dans *La vie en France au moyen âge d'après quelques politiques et moralistes du temps*.
2. Préface de son édition des *Quatre âges de l'homme*.
3. Préface de son édition des *Mémoires* de Philippe de Novare.
4. Ouvrage cité dans la note 4.
5. Ed. Beugnot, p. 475-476.
6. Ch. I-II.
7. Ch. I à VII.

ce qu'il doit dire et faire pour conduire un procès (1). L'auteur parle ensuite de quelques procédures spéciales (2), et enfin de quelques types particuliers de procès (3). Après cette première partie consacrée à la procédure, Philippe s'efforce dans une deuxième partie de retraire dé mémoire les principales assises. A l'occasion de chacune d'elles, il indique quels sont les points litigieux les plus usuels et quelles ont été les différentes solutions adoptées par les plus grands juristes (3). Pour finir, Philippe parle des qualités intellectuelles et morales qu'exige la profession d'avocat (4).

Telle est la division générale de l'œuvre. Elle est simple et logique. Pourtant à la lecture, elle n'apparaît pas nettement. Certaines parties donnent même une impression d'extrême confusion. Les chapitres relatifs aux différentes espèces de procédure et aux différents types de procès se suivent dans le plus grand désordre et certains textes d'assises s'y mêlent sans raison.

En conclure que Philippe de Novare manquait de méthode serait peut-être erroné.

D'abord l'édition Beugnot est très défectueuse. Cet éditeur a eu le tort de disséminer au milieu du livre à un sien ami les dix chapitres des questions qui le suivaient dans le manuscrit fr. 12206 et par là il a profondément altéré la physionomie de l'œuvre entière et obscurci le plan.

De plus, dans les mss. 19626 et 12206, les deux seuls que nous possédions, l'ordre positif des chapitres a été, semble-t-il, modifié et le plan bouleversé par Philippe de Novare qui voulait refondre le livre à un sien ami (5).

Du désordre relatif du livre de forme de plait tel que nous le possédons il faut accuser la maladresse de l'éditeur et la rareté des manuscrits bien plus que Philippe de Novare lui-même.

Clair. — Philippe était un esprit très clair, son chapitre I

1. Ch. V à XIV.
2. Ch. XV à XLVII.
3. Ch. XLVIII à LXXXVIII.
4. Ch. XCI à la fin.
5. Cf. plus haut, p. 70 et suiv.

est un modèle de précision et de concision, et il est caractéristique de l'œuvre entière. Notre auteur sait admirablement résumer toute une question, il sait aussi mettre en relief les points litigieux et exposer les solutions proposées (1).

Il est un guide pratique. — Enfin le livre de forme de plait est admirablement adopté au but tout pratique que s'est assigné l'auteur, et c'est peut-être là son plus grand mérite.

Philippe destinait son livre à un avocat et, de fait, il a parlé uniquement des règles de procédure, des assises les plus importantes et des difficultés qu'elles soulèvent, des qualités requises d'un avant-parlier.

En traitant de la procédure, il a eu soin de délaisser les généralités et de prendre toujours les cas concrets ; il a évité les expressions évasives et il a indiqué les formules mêmes qu'en chaque circonstance devrait employer le plaideur ou son conseil (2).

En parlant des assises, après en avoir donné le texte ou l'esprit, il indique les difficultés pratiques qui pourront surgir. Il essaie ensuite de les résoudre « selon ce que j'ai entendu et que il me semble et que il me membre ores » (3).

Le précédent judiciaire, son appréciation personnelle, les opinions des grands juristes, ce sont là en effet les trois grandes sources d'inspiration de Philippe de Novare.

Le précédent judiciaire était la principale preuve en droit coutumier, et il est parfaitement légitime que Philippe en tienne le plus grand compte. Mais il est regrettable qu'il ait donné dans son livre une importance aussi grande à l'opinion des auteurs et une aussi petite à son appréciation personnelle.

Il n'est pas une œuvre hautement originale. — Le livre de forme de plait manque d'originalité. Les ch. LXIV et LXXXIII sont peut-être les seuls où Philippe de Novare ait pris et développé une opinion vraiment personnelle (4).

1. LXVIII et suivants, etc...
2. Ch. XXIX, XXXI, etc...
3. Ch. XLIII.
4. On pourrait ajouter encore les ch. XXXVII et LXXVII.

Assez souvent quand il expose des théories contradic-
toires, il indique quelle est celle qui a sa préférence, mais
il le fait très brièvement et sans même expliquer le motif
de cette préférence (1).

Plus souvent peut-être il exprime les opinions contradic-
toires, sans émettre aucune espèce d'appréciation ou bien
il signale la difficulté sans même tenter de la résoudre (2).

Il y a évidemment là une lacune, et un livre aussi peu
personnel ne saurait être considéré que comme un ouvrage
secondaire.

Mais il ne faudrait pas en faire un grief à Philippe de
Novare, et ceci pour plusieurs raisons.

D'abord et surtout parce que l'auteur s'est proposé
d'écrire un livre didactique et pratique et non pas un grand
ouvrage.

Ensuite Philippe est l'élève de Raoul de Tibériade, du
sire de Beyrouth, de tous ces vieux juristes du xii° siècle
qui avaient connu les Lettres du Saint-Sépulcre et pour qui
la grande affaire n'était pas de construire des théories
juridiques, mais de se souvenir de l'ancien droit perdu.

Enfin l'absence d'originalité de Philippe n'apparaît pas
comme une insuffisance intellectuelle, mais comme l'excès
d'une belle qualité : la probité et le souci de l'exactitude.
Philippe connaît admirablement le droit du xii° siècle et
pourtant il ne s'avance jamais. Toujours il indique de qui
il tient tel ou tel renseignement. Il prend bien soin de dire
s'il est absolument sûr de ce qu'il rapporte ou si au contraire il éprouve quelque doute « mais de ce dernier point
ne suis-je point si certain com du premier » (3). Il ne cesse
jamais de douter de lui-même : « Mon entendement est
que... mais si je oisse meaus dire et le conneusse je m'y
accorderai (4). » Quand il doit répondre aux questions,
timidement il déclare : « et toute vois dirai mon avis
de ce dont j'ai este requis sauf ce que se je eusse

1. Ch. XXIX, XXX, XXXI, LXIX, etc...
2. Ch. LXX, LXXIII, LXXXII, LXXXVI, etc...
3. Ch. XI.
4. Ch. XXV.

meaus dire, je lerroie bien mon dit por meillor se je le coneusse ».

Un tel auteur mérite la confiance et inspire la sympathie. Si Philippe de Novare n'a pas écrit, et n'a pas voulu écrire un grand ouvrage original, il a du moins composé un excellent traité didactique clair, méthodique et documenté.

Autorité du livre de forme de plait. — Le livre de forme de plait n'a pas eu, et il ne pouvait pas avoir, une très grande autorité.

Il y a à cela deux raisons, l'une extérieure, et l'autre inhérente à la nature même de l'ouvrage.

La raison extérieure, c'est que très peu après l'apparition du livre de Philippe de Novare, Jean d'Ibelin donna son grand traité sur les assises de la Haute Cour qui, grâce à sa valeur intrinsèque, grâce à la personnalité de l'auteur, et grâce aussi à la toute-puissance de la maison d'Ibelin prit immédiatement une extrême autorité.

L'autre raison c'est que le livre de forme de plait était, de par sa nature même, voué à l'obscurité. Ce traité se borne à exposer les opinions connues des auteurs célèbres, mais il ne prend jamais parti. On n'y trouve pas une opinion propre à Philippe de Novare sur l'autorité de laquelle les plaideurs auraient pu s'appuyer. Les avocats ont peut-être beaucoup utilisé le livre à un sien ami, mais ils n'avaient aucune occasion de le citer.

Jean d'Ibelin a certainement utilisé le livre que Philippe lui avait dédié, mais il ne cite jamais. A la fin du xiii⁰ siècle, Jacques d'Ibelin, Geoffroy le Tort et la Clef des Assises semblent l'ignorer. Dans le ms. de Venise, fr. 12206, on trouve bien quelques extraits du livre de forme de plait à la fin ou à la suite du livre du Plaidoyer. Mais au xvi⁰ siècle les commissaires vénitiens parlent presque avec dédain du petit livre de Philippe de Novare (1).

Valeur documentaire. — Ce livre qui n'a eu qu'une autorité si médiocre n'en est pas moins pour l'historien un document de la plus haute importance.

1. Cf. p. 129, note 2.

Évidemment on n'y trouvera aucun renseignement sur
le droit des xiv⁰ et xv⁰ siècles puisque le livre de forme de
plait ne s'est pas imposé à la postérité. On n'y trouvera
sur la coutume du xiii⁰ siècle presque rien qui ne soit
dans le livre de Jean d'Ibelin. Mais pour le droit du début
du xiii⁰ siècle, et surtout pour celui du xii⁰, le Livre à un
Sien Ami est un document capital.

Philippe a été l'élève de Raoul de Tibériade qui connaissait parfaitement les Lettres du Saint Sépulcre et qui
aurait pu les retraire presque entièrement. Toute une moitié du Livre à un Sien Ami est précisément consacré à
reproduire soit le texte, soit l'esprit de ces vieilles assises.
Bien mieux Philippe ne s'est pas borné à indiquer le dernier état du droit. A l'occasion de nombre d'assises, il a
fait un petit exposé historique dans lequel il a rétracé
toutes les étapes successives d'une institution. C'est dire
que le livre de forme de plait est pour le droit ancien un
document extrêmement riche.

On a vu avec quelle conscience et quel souci d'exactitude
travaillait Philippe de Novare, combien il tenait à dire si
ses souvenirs étaient précis ou vagues. C'était dire que le
livre de forme de plait est un document extrêmement sûr.

Le livre de Jean d'Ibelin

Personnalité de Jean d'Ibelin. — La famille d'Ibelin. —
La famille d'Ibelin fut certainement la maison la plus
puissante de tout l'Orient Latin (1).

Nous savons peu de choses sur son fondateur Balian dit
le Français (2). Il était le frère du comte Gnilia de

1. Voici ce qu'en dit de Mas Latrie (*Histoire de l'Ile de Chypre*,
t. I, p. 136-137. « Après les maisons souveraines de Jérusalem,
d'Antioche et Lusignan, il n'en était pas qui eut déjà plus d'illustra-
tion, qui dès lors et plus tard ait occupé de plus hautes positions
et produit un plus grand nombre d'hommes remarquables que la
famille d'Ibelin… Aussi avantageusement dotés en Chypre (qu'en
Syrie) ils furent par leurs alliances, leurs richesses, et leurs nombreux adhérents, les principaux soutiens des deux royaumes. »

2. Nos seuls renseignements sont fournis par les lignages d'outre-
mer, éd. Beugnot, ch. VIII et Guillaume de Tyr, Livre XV, § 24.

Chartres (1). Il arriva en Syrie vers le milieu du xii⁰ siècle avec « soy dixièsme de chevaliers ». Le roy Foulques lui donna la terre de Mirabel et lui confia la garde d'un château tout nouvellement construit, le château d'Ibelin (2).

Balian le Français fut, d'après Guillaume de Tyr, « un haut home sage et bien esprouvé de loiauté... qui bien garda le chateau... tant com il vesqui et mout en guerroia vigoureusement les Turs ».

Balian ne semble cependant pas avoir joué un rôle politique considérable. Il devait déjà compter parmi les plus puissants barons de Terre Sainte, puisqu'il était le mari d'Héloïse, la fille de Baudoin de Rames, la sœur utérine de Philippe, prince de Naples; puisque son fils aîné Hugues d'Ibelin épousa Agnès de Rohais, la première femme du roy Amaury (3), et que son troisième fils Balian d'Ibelin épousa Marie Commène la veuve du même roy Amaury (4). Pendant toute la domination franque, la famille d'Ibelin joua un rôle primordial. En moins de deux siècles, quatre princesses de cette maison furent reines de Jérusalem ou de Chypre (5). Plus nombreux encore sont les seigneurs d'Ibelin qui devinrent bailes du royaume (6).

Le représentant le plus célèbre de cette puissante famille

1. « Il n'est pas aisé de deviner qui fut ce « Guillin vicomte de Chartres » suivant la formule de Ducange qui suppose non sans quelque vraisemblance, que ce comte Guilin et Balain-le-François appartenaient à la famille du Puiset (fam. d'Outre-mer, éd. Rey, p. 360-361.

De Saint-Laumer croit que Balian-le-Français était un membre de la famille des Boël, Vidames de Chartres. Il n'apporte à l'appui de cette hypothèse aucun argument sérieux (*Mém. Soc. Arch. d'Eure-et-Loir*, 1867, t. IV, p. 109 et suiv.).

2. L'antique Janina l'actuel village Ebneh où on trouve quelques vestiges de l'ancien château (cf. Rey, *Colonies franques de Syrie*, p. 409). Ibelin était situé entre Jaffa et Ascalon un peu au-dessus de Lidda et de Rame.

3. Lignage d'Outre-mer, éd. Beugnot, ch. 1.

4. Lignage d'Outre-mer, éd. Beugnot, ch. 8.

5. Eschive d'Ibelin femme d'Amaury Isabelle épouse de Hugues III, Marie d'Ibelin épouse de Hugues IV et Alice d'Ibelin femme également de Hugues IV (noms simplement relevés dans le Trésor de chronologie.

6. Voir les tableaux généalogiques très incomplets de Rey Familles d'Outre-mer, p. 375 et suivantes.

est Jean d'Ibelin le vieux sire de Beyrouth qui était baile
du jeune roi Henri quand Frédéric II vint en Chypre et en
Syrie et tenta d'imposer sa domination à tout l'Orient
Latin. Il entreprit contre l'Empereur et ses lieutenants
une lutte opiniâtre et finalement victorieuse, du moins
pour Chypre.

Philippe de Novare raconte dans ses Mémoires l'histoire
de la « grant guerre qu'il vit à son tens entre l'empereur
Frédéric et le seignor de Barut Monseignor Jehan d'Ibelin (1) ». Cette formule est suggestive; elle montre bien
que vers 1230 l'autorité réelle appartenait en *Chypre* non
pas au roi devenu pourtant majeur au cours de la guerre,
mais bien à un prince d'Ibelin.

Plus précis encore est l'acte de soumission à Frédéric II
des barons *de Syrie*. Voici comment il commence :

« Ceste est la forme de la pais que nos barons et chevaliers et citéens del réaume de Jérusalem, et nos Balian
d'Ibelin, seignor de Baruth et nos frères, et le Johan d'Ybelin, demandons et requerons de nostre seignor l'emperor.
Primement qu'il nos rendé... » (2)

En 1271 à Hugues III qui réclamait des liges le service
d'ost en dehors de l'île de Chypre, Jacques d'Ybelin
pourra dire fièrement :

« Et encore monstrons nous par genz qui sont encore
plainz de vie, que les homes dou réiaume de Chypre ont
plus servi hors dou dit réiaume le lignage de Ybelin que
monseignor le rei ne ces ancêtres et, se l'usage de leur service les aservist, par tel raison leur poraient demander
ciaus d'Ibelin come monseignor le rei leur demánde (3) ».

Au XIVe siècle, pendant cette période où les rois de
Chypre firent tant d'effort pour relever leur autorité, la
famille d'Ibelin cessa d'être omnipotente, mais elle resta
très puissante. C'est encore à la voix d'une princesse d'Ibelin qu'en 1368 la communauté des liges se révoltera, assas-

1. Philippe de Novare, *Les quatre âges de l'homme*, éd. de Fréville, p. 122-123.
2. *Archives de l'Orient, Latin*, t. I, p. 402-403.
3. Documents relatifs au service militaire, Beugnot, II, p. 434,
n° 25.

sinera Pierre Ier et imposera l'observation des assises et du vieux livre de Jean d'Ibelin. C'est aussi au sire d'Arsur de la maison d'Ibelin que la vindicte populaire reprochera peut-être le plus durement le meurtre du roi Pierre (1).

Biographie de Jean d'Ibelin. — Jean d'Ibelin d'Arsur, comte de Jaffa et d'Ascalon, l'auteur du Livre des Assises, était le fils de Philippe, baile de Chypre et d'Alix de Mont-béliard, le petit-fils de Balian le jeune et de Marie Comnène, l'arrière-petit-fils de Balian le Français, fondateur de la maison. Il était le neveu du vieux sire de Beyrouth, le petit cousin de la reine Eschive, le cousin de l'Impératrice Isabelle, femme de Frédéric II (2).

Il naquit en 1215 (3) et fut probablement élevé en Chypre, puisque son père y fut baile de 1218 à 1228, époque de sa mort (4). Nous savons positivement qu'en 1229 Jean d'Ibelin, sa sœur et d'autres gentils gens quittèrent Chypre et se réfugièrent à Tortose pour échapper aux menaces de Frédéric II (5).

Comme tous ceux de sa race, Jean d'Ibelin fut un vaillant chevalier. A 17 ans, au combat de Cazal Ymbart, il « y fist tant que toute sa vie fu plus prisée » (6).

Un peu plus tard, il vendit un grand manoir qu'il avait à Acre pour aider le roi Henri et le sire de Beyrouth à payer les frais de leur expédition en Chypre contre les Longuebars (7).

Il prit part à cette campagne, y commanda une échelle de chevaliers, et joua un rôle actif et important.

1. Chanson de Guillaume de Machaut, éd. Mas Latrie, *Hist. I. Chypre*, III, 335.

2. Toutes ces identifications ont été parfaitement faites par Rey, *Fam. d'outre-mer*, p. 349, 350, 351. De nombreuses erreurs avaient été commises par Ducange et d'autres vieux auteurs. Beugnot lui-même, t. I, page 103, note *a*, et page 327, note *a*, a commis des erreurs qu'il a rectifiées dans son introduction, t. I, page XLIX.

3. Philippe de Novare nous dit que le 3 mai 1232 assista à la bataille de Cazal Ymbart « Messire Johan d'Ybelin qui puis fu conte de Jaffe et estoit chevalier nouveau qui n'avait que dis et set ans d'aage » (*Mém.*, ch. CIV, éd. Kohler, p. 65).

4. Rey, *Famille d'outre mer*, page 367, 368.

5. *Mémoires* de Philippe de Novare, ch. 41, éd. Kohler, page 24.

6. *Ibid.*, ch. 105, page 66.

7. *Ibid.*, ch. 115, page 70.

Jean d'Ibelin épousa Marie d'Arménie, fille de Constant, baile d'Arménie. Marie était la sœur d'Étiennette, femme du roi Henri Ier de Chypre et de Aïthon roi d'Arménie ; Jean d'Ibelin était donc le beau-frère du roi d'Arménie et du roi de Jérusalem et de Chypre.

Après la mort de Gautier IV de Brienne vers 1247 (1), le roi Henri donna à Jean d'Ibelin et à ses héritiers le comté de Jaffe et d'Ascalon. C'était le fief le plus important de tout le royaume. Il était la première des quatre pairies, devait le service de cent chevaliers (2) et ne comptait pas moins de 72 grands casaux et 20 petits (3).

Aussi Jean d'Ibelin fut-il un prince fastueux. Joinville qui le vit débarquer près de lui en Égypte, décrit avec admiration la splendeur de la galère, et la richesse des équipements du comte de Jaffa : « De tous ce fu cil qui plus noblement ariva (4). »

Jean n'était pas seulement un chevalier vaillant et un seigneur magnifique, ce fut certainement aussi un homme énergique. Au parlement tenu à Acre en 1250, seul avec Guillaume de Beaumont et Joinville et avant eux, il conseilla à saint Louis de rester en Terre Sainte, et de continuer une lutte sans merci (5).

« Li legas demanda au comte Jehan de Japhe qui seoit emprès ausque il li sembloit de ces choses (du séjour ou du départ du roi). Li cuens de Japhe li proia qu'il se souffrist de celle demande : « Pour ce, fist-il, que mes chastiaus est

---

1. *Ibid.*, ch. 135, page 79 et ch. 185 et suivants, pages 100, 101.
2. En juin 1247 Jen se qualifie de Johan d'Ibelin conte de Jaffe et Seigneur de Rames (cartul. de Sainte-Sophie n° 49 de M. L., III, page 867), mais la donation ne saurait être de beaucoup antérieure à cette date (de Mas Latrie, les comtes de Jaffe et d'Ascalon du XIIe au XIXe siècle. *R. Q. H.*, 1879, pages 181 à 200.
3. *Jean d'Ibelin*, ch. 269 et 270.
4. Sur la composition du fief, voir Rey, *Colonies franques de Syrie*, p. 403 et suivantes. Cette composition a beaucoup varié par suite des incursions sarrasines, mais pour compenser les territoires perdus en Syrie les rois faisaient des concessions en Chypre. A l'époque de Jean d'Ibelin, le comté de Jaffa comportait déjà trois villages au moins en Chypre, Vassa, Piscopi et Pentoronari (de Mas Latrie, les comtes de Jaffa). Au XIVe siècle toutes les terres du comté étaient en Chypre.
5. Joinville, éd. Natalis de Wailly, p. 164 à 166.

en marche, et se je looie au roy la demourée, l'on quide-
roit que ce fust pour mon proufist » lors li demanda li roys,
si à certes comme il pot, que il deit ce que li en sembloit.
Et il dist que se il pooit tant faire que il peust herberge
tenir aux chans dedans un an, que il feroit sa grant hon-
nour, se il demeuroit. Lors demanda li legas à ceus qui
séoient après le comte de Japhe, et toit s'accordèrent à
Monseignor Guion Malvoisin » (qui conseillait à Louis IX de
partir) (1).

Pareil conseil était évidemment conforme à l'intérèt
véritable du royaume et à l'idéal même de toute la chrétienté. Mais avant de marcher sur Jérusalem, il fallait fortifier
Jaffa (2), il fallait reprendre aux Sarrasins tous les casaux
perdus du comté de Japhe et d'Ascalon. En parlant comme
il le fit, Jean d'Ibelin a-t-il songé seulement au bien général
et ce au risque même de paraître intéressé ? Il est assez
malaisé de le savoir.

Le roi Henri mourut le 18 janvier 1253 laissant une veuve,
la reine Plaisance et un fils de quelques mois, le roi Hugues.

Jean d'Ibelin d'Arsur fut nommé baile du royaume et la
reine Plaisance épousa Balian d'Arsur, fils de Jean. Cette
union fit scandale, Balian était encore presque enfant et
les deux époux étaient cousins au degré prohibé. Le mariage fut cassé. En 1254, saint Louis quitta la Terre Sainte.
La lutte contre le sultan devenait impossible, mais une
trève complète paraissait humiliante à beaucoup de chevaliers. La baillie fut retirée à Jean d'Ibelin d'Arsur et con-
fiée à Jean comte de Japhe et d'Ascalon. Jean traita avec
le sultan, mais il eut soin d'exclure de la trève le comté de
Jaffa ou affluèrent alors les croisées et les frères des ordres
militaires. Ici encore Jean d'Ibelin a-t-il songé au bien général où à son propre profit ? Les chroniques sont beaucoup trop vagues pour que l'on puisse se prononcer (3), et

1. Joinville, p. 280-282.
2. Et de fait saint Louis a fortifié Jaffa.
3. Voici un passage bien énigmatique de la chronique d'Amaury,
le plus explicite cependant de tous nos documents. « Joan de Ibelin
juro la triga con el soldan de Damasco et fu fatta division del fiume
de Arsuf fino à la division de Barutho ; et quelli che fesceno questa
division l'ignoramo et lui si lasso inganar per il profitto del réame. »

Jean d'Ibelin lui-même est bien peu explicite (1). Quoi qu'il en soit en 1256 les latins subirent quelques échecs, et le comte de Jaffe dut abandonner la baillie au profit du sieur d'Arsur.

Peu après une guerre survint à Acre entre les Génois d'une part, les Vénitiens et les Pisans d'autre part, Jean prit nettement parti pour les Pisans (2) et il décida la reine Plaisance à faire comme lui (3). Il contribua certainement à asseoir l'autorité de la reine qui fut nommée régente et à ramener le calme dans les esprits (4).

En 1262 Jean d'Ibelin consentit avec le sultan un échange de prisonniers et une trève que les autres chrétiens avaient refusé, et, le sultan Bibars qui devait peu après menacer Acre, laissa en paix le comté de Jaffa. Le Templier de Tyr (5) admire beaucoup cette conduite si habile de Jean d'Ibelin. Mais cette conduite si habile était-elle très loyale ?

Jean d'Ibelin mourut le 7 décembre 1266 (6) (7).

1. Beugnot, II, ch. 2, page 401.

2. Les Génois avaient insulté à sa sortie de charge Jean d'Ibelin qui dut se réfugier sur le territoire des Pisans (De Mas Latrie, p. 312) et un peu plus tard, ils avaient tenté de le tuer (*Gestes des chyprois*, éd. Raynaud, p. 149).

3. Amadi 204, Eracles, L. 34, ch. III, p. 443.

4. *Gestes des chyprois*, Ed. Raynaud, p. 151, sur tout ceci de Mas Latrie. *Hist. de l'Ile de Chypre*, t. 1, p. 368-369 et 372-374.

5. Ed. Renaud, p. 167.

6. Amadi 208, *Gestes*, éd. Raynaud, p. 182. Eracles, p. 455. *Rœhricht Gesch.*, p. 935, 3 et p. 939.

7. M. Jordan (Les registres de Clément IV, p. 341, n° 886) avait supposé que Jean d'Ibelin vivait encore en 1268. Sur la foi de Léopold Delisle (notice et extraits, t. XXVII, 2° part., p. 124) il avait attribué à Clément IV deux lettres émanant d'Urbain IV et il avait cru que ces lettres concernaient Jean d'Ibelin comte de Jaffa et la reine Isabelle. H. Otto (*Mittheilungen des Instituts für Osterreich Geschichte Forachurgen*, t. 22, ann. 1901, p. 247, 250 et suiv.) a établi que ces lettres dataient de 1261 (cf. *Rœhricht Gesch.*, p. 916), qu'elles émanaient d'Urbain IV et qu'elles concernaient Jean d'Ibelin, fils du sire d'Arsur et la reine Plaisance dont le mariage avait fait scandale et avait été cassé en 1258 (Cf. *Rœhricht Gesch.*, p. 893-896, p. 3 et Req. pièce d'autre man., p. 377). M. Jordan a reconnu le bien fondé des observations de H. Otto (*Mittheilungen des Inst. f.*, t. 28, année 1902, p. 481 et suiv.)

Que penser de cet homme ? De Mas Latrie l'admire sans restriction et sans hésitation :

« L'année finit aussi malheureusement qu'elle avait commencé. Au mois de décembre mourut Jean d'Ibelin, comte de Jaffa, l'ancien compagnon de Philippe de Novare pendant la guerre des Lombards. Par sa fortune, par son expérience politique, sa connaissance parfaite de la constitution des assises, que sa bravoure et son talent avaient aidé à défendre sur les champs de bataille et les cours de Justice, le comte d'Ibelin était un des hommes les plus considérables des deux royaumes. Depuis quelque temps il semblait ne pas approuver ce qui se faisait à Saint-Jean d'Acre. Mais loin d'imiter Philippe de Montfort qui sur une mésintelligence s'était cantonné à Tyr avec les Génois dans une véritable hostilité contre les liges, il aidait de ses avis les hommes chargés du gouvernement et profitait de l'accès que sa loyauté lui avait conservé auprès de Bibars pour essayer d'obtenir des caprices et des calculs du sultan la prolongation d'une paix toujours éphémère (1). »

Que Jean d'Ibelin ait été un bon chevalier, la chose est indiscutable. Qu'il ait été un homme habile c'est plus évident encore, et son livre si remarquable tout à la fois par la subtilité et par la solidité de ses constructions juridiques suppose chez son auteur les plus éminentes qualités intellectuelles. Jean d'Ibelin fut encore un énergique. Mais fut-il l'homme loyal et désintéressé que dépeint de Mas Latrie. Le laconisme des chroniques, nous l'avons dit, ne permet pas d'être affirmatif sur ce point. L'examen de son livre ne nous renseigne pas davantage. Il laisse cependant planer quelques doutes. Pourquoi cette hostilité si vive contre Philippe de Novare qui pourtant lui avait dédié son livre de : « Forme de Plait ». Pourquoi fait-il de si belles déclarations sur les devoirs de loyauté des plaideurs, tout en conseillant cyniquement l'improbité (2) ?

Œuvres de Jean d'Ibelin. — Jean d'Ibelin comme Philippe de Novare et tous les sages hommes de cette époque

---

1. De Mas Latrie, *Hist. de l'Ile de Chypre*, t. I, p.
2. Ch. 26.

a certainement donné des consultations juridiques. Il le dit du reste lui-même (1). Cependant, en dehors du livre des Assises et des bons usages du royaume de Jérusalem (2), nous ne possédons de lui qu'une note assez brève sur la tutelle des rois mineurs (3).

Seul le « Livre des Assises de la Haute-Cour » doit retenir l'attention.

Le « Livre des Assises de la Haute Cour »

Le puissant comte de Jaffa ne s'est pas proposé comme Philippe de Novare d'écrire simplement un petit traité privé destiné à apprendre le métier de plait à un sien ami, il a composé son livre pour enseigner les assises au roi et aux hauts barons et pour leur montrer comment ils devaient juger leurs hommes :

« Porce que il me semble droit et raison que le chef seignor dou roiaume de Jérusalem et les barons et les autres riches hommes qui ont court et coins et justice sachent les assises et usages... Et porce que les homes qui doivent estre juges de leur cours sachent droiturement jugier... ai ge cest livre comensié à faire (4). »

Ce but grandiose, Jean d'Ibelin l'a atteint tant par l'importance et les qualités intrinsèques de son œuvre que par l'autorité que la postérité a accordée au *Livre des Assises de la Haute Cour.*

1. Livre de Jean d'Ibelin, ch. 145.
2. Les Lignages d'Outre-Mer n'appartiennent pas à Jean d'Ibelin. La seule lecture du chapitre 13 de l'édition Beugnot suffit à le prouver. Ce chapitre suppose en effet que Jean d'Ibelin est mort, et que le présent comte de Jaffa et d'Ascalon est Guy fils de Jean : « Philippe d'Ibelin qui fut baile de Chypre et la comtesse Alice eurent une fille Marie, qui fut nounin, et un fiz Johan qui fu comte de Japhe, père de Gestui Guiotin. »
Il était cependant nécessaire de signaler ce point parce que la disposition matérielle de certains manuscrits, particulièrement celle du fr. 10026 pourrait faire supposer que le Livre des Lignages d'Outre-Mer est de Jean d'Ibelin.
3. Beugnot, II, page 398.
4. Jean d'Ibelin, ch. V, p. 27.

Importance du livre de Jean d'Ibelin. — Le livre de Jean d'Ibelin est le plus étendu de tous les livres d'assises, il a plus de trois cents chapitres.

On y trouve d'abord quelques renseignements sur l'autorité royale, puis le premier tiers environ du livre est consacré à la procédure et au duel judiciaire. Ensuite, après quelques chapitres relatifs aux questions les plus diverses du droit civil et du droit criminel, Jean d'Ibelin parle longuement des fiefs. Il traite ensuite de l'hommage et des obligations du seigneur et du vassal. Le livre se termine par une énumération des principaux offices du royaume et par indication des services que devaient les baronies, les villes, les évêchés et les abbayes.

La table méthodique que reproduit Beugnot (1) permet de se faire une idée du contenu de ce livre et de voir combien nombreuses et variées sont les matières traitées.

Qualités et défauts. — *Défauts.* — Cependant le *Livre des Assises de la Haute Cour* ne contient pas un exposé complet de tout l'ensemble du droit féodal. Comme l'a déjà très justement dit Beugnot, Jean d'Ibelin « a moins considéré l'ensemble de la législation que les parties de cette législation où l'influence d'une jurisprudence erronée se faisait sentir. Il examine chaque usage isolément, en pèse la légalité, l'admet ou la rejette, puis porte son attention sur un autre point » (2).

Ces exposés successifs auraient pu être faits suivant un ordre ou une méthode et le livre de Jean d'Ibelin n'a aucun plan. Comme presque toutes les œuvres médiévales il donne une impression pénible de désordre et de confusion.

Ce traité a un autre défaut : il contient des longueurs. Trop souvent l'auteur ressasse en d'interminables chapitres des questions simples qu'il aurait pu exposer en quelques lignes. Il lui faut huit longs chapitres pour expliquer comment

1. *Ass. de Jérusalem*, t. I, p. 431-432.
2. Beugnot, t. I, p. 61-62.

demander un conseil en cour (1) et pour ne rien ajouter
en somme d'important à ce que Philippe de Novare avait
su dire en quelques lignes. Les chapitres XXV, XXXVII et
combien d'autres sont interminables, et ceci rend la lecture
de son livre souvent fastidieuse.

Mais désordre, confusion et longueurs ne sont que des
défauts superficiels, et ils ne diminuent pas la très grande
valeur réelle du livre de Jean d'Ibelin.

Qualités. — Jean d'Ibelin est un esprit profondément
original, mais toujours il sait rester plein de bon sens, toujours il se préoccupe des nécessités pratiques, toujours il
est absolument équitable.

On trouve dans le livre de Jean d'Ibelin, tel que l'édite
Beugnot, plusieurs passages, et même plusieurs chapitres
entiers, qui reproduisent presque textuellement Philippe de
Novare. Je crois qu'il faut y voir non pas des plagiats de
Jean d'Ibelin, mais des interpolations dues aux copistes.

Les chapitres CCCXXIII, XXXVIII, XXXIX, XL, CLXX,
CCXXXVIII, CCXXXIX et CCLXVII de Jean d'Ibelin qui
reproduisent plus ou moins fidèlement la totalité ou une
partie des chapitres XLVII, XI, XXII, XXXV, XXXVIII
et LXII de Philippe de Novare manquent dans le manuscrit fr. 19025 que nous considérons comme le bon manuscrit (2).

Un seul chapitre du fr. 19025, le chapitre CLV de l'édition Beugnot a un texte semblable à celui du chapitre XXIX
de Philippe de Novare. Mais il est permis de supposer que
ces deux chapitres dérivent d'un ancêtre commun, puisque c'est tantôt le texte de Philippe de Novare et tantôt
celui de Jean d'Ibelin qui abrège.

Je crois que jamais Jean d'Ibelin n'a plagié le Livre de
Forme de Plait, et je ne crois pas non plus qu'il s'en soit inspiré autant que semble le dire Beugnot (3). Parlant du même
droit il devait forcément dire souvent les mêmes choses,
mais il ne semble pas avoir attaché une grande autorité aux
opinions de son devancier. En ses chapitres CCXXXVII,

1. Ch. XI et suivants.
2. Voir plus haut p. 87-89.
3. Beugnot, t. I, p. 50.

. CXVII, LXXXV, LXX, Ibelin s'écarte de l'opinion de Philippe, de Novare en ses chapitres XXXIII, LXXIX, XIII et IX. Il le combat très nettement en son chapitre CXXXIV.

Jean d'Ibelin est un esprit profondément original. Alors que Philippe de Novare expose longuement les opinions des principaux juristes, sans même prendre parti, Jean d'Ibelin au contraire ne parle des opinions des autres que pour en faire la critique, mais son but est toujours d'exposer sa manière de voir à lui. Énumérer les chapitres où il exprime une opinion personnelle serait impossible ; il faudrait citer tout l'ouvrage.

Cette originalité est de la meilleure qualité. Soit qu'il raisonne sur le texte même de l'assise (1), soit qu'il déduise son système des principes du droit (2), toujours le raisonnement de Jean d'Ibelin est parfaitement juridique et parfaitement sain (3).

Son œuvre reste toujours essentiellement pratique (4). Il a du reste écrit pour des avocats, et son livre apparaît plutôt comme un formulaire que comme un traité de droit (5).

Jean d'Ibelin a un autre mérite : l'impartialité. Si certains chapitres semblent plutôt favorables aux seigneurs (6), d'autres fois le puissant comte de Jaffa se montre très nettement favorable aux vassaux (7).

Autorité du livre. — Le livre de Jean d'Ibelin a eu un succès immense, et il a eu une autorité tout à fait extraordinaire. Ceci ne s'explique peut-être pas seulement par les qualités intrinsèques très réelles de l'œuvre, mais aussi sans doute par la haute personnalité de l'auteur et par la puissance persistante de la maison d'Ibelin.

A la fin du xiii⁰ siècle le traité de Jacques d'Ibelin, celui

1. Ch. LXIV, CXII, CCXII, CLII, etc.
2. CXLVIII, CL, CCVI, CXXVI, CXCI, etc.
3. Ch. CXVII, CXXVII, CCL, CLXI, LXV, etc.
4. CXIX, CXI, CXXI, CCXIII, CCXIV, etc.
5. XXXII, XXVII, CLXXX, CLXXXI, etc.
6. CXLIII.
7. CLXXI, CCVI.

de Geoffroy le Tort et la Clef des Assises ne font guère
que résumer les théories de Jean d'Ibelin.

Au début du XIV⁰ siècle, en Chypre, les Lusignan ont
cherché à substituer au vieux droit traditionnel un droit
nouveau créé par eux ; il se peut que l'autorité du Livre
des Assises de la Haute Cour ait alors subi une éclipse pas-
sagère.

Mais, en 1369, pour affirmer et confirmer sa victoire sur
les rois, la communauté des liges fit composer une rédaction officielle du livre de Jean d'Ibelin. L'écrit en fut
déposé dans une huche à l'église Sainte-Sophie de Nicosie
comme deux siècles plus tôt avaient été déposées à Jérusalem les Lettres du Saint-Sépulcre. Dans les cas embarrassants on allait solennellement consulter le Livre des
Assises de la Haute Cour, comme on consultait jadis les
Lettres du Saint-Sépulcre (1).

En 1531, la république de Venise fit traduire en italien le livre de Jean d'Ibelin qui semble avoir gardé son
prestige jusqu'à la domination turque (2).

Valeur documentaire. — Le livre de Jean d'Ibelin a certainement une valeur documentaire considérable, mais
peut-être pas aussi grande qu'on pourrait le supposer.

Le livre ne fournit aucune indication sur le droit du
XIV⁰ siècle. Il contient sur le droit du XIII⁰ des enseigne-
ments très nombreux, très précis et très détaillés. Mais
il ne faut pas oublier que Jean d'Ibelin est un novateur et
qu'au lieu d'exposer comme Philippe de Novare les diverses
théories existantes, il se borne bien souvent à exprimer
son opinion personnelle.

C'est peut-être pour la connaissance du droit postérieur
à son auteur, que le Livre des Assises de la Haute Cour
est le plus important. Ce livre fit autorité, il est devenu
un peu comme le Code de Chypre, et on ne cessa pas de
le consulter jusqu'à la domination turque. Mais malgré
tout son prestige, ce livre n'a pas pu empêcher les institu-

1. Sur l'autorité du livre de Jean d'Ibelin, aux XIV⁰ et XV⁰ siècles,
en Chypre, voir l'historique de la 4⁰ période.
2. Voir l'historique de la 5⁰ période.

tions et les mœurs d'évoluer très profondément. Il sera donc absolument indispensable de le compléter et de le corriger à l'aide des chroniques et des chartes des xiv, xv et xvi° siècles.

Livres de Jacques d'Ibelin, de Geoffroy le Tort Clef des Assises

Le livre de Jacques d'Ibelin, celui de Geoffroy le Tort et la Clef des Assises sont des ouvrages secondaires. Il y a peu à dire tant sur la personnalité des auteurs que sur les livres eux-mêmes.

Rey (1) identifie notre Jacques d'Ibelin avec ce Jacques fils de Balian d'Ibelin, prince de Gallilée et seigneur de Tabarie et d'Alice fille du roi Hugues III que mentionnent les lignages d'outre-mer, ch. 2, page 444.

C'est très probablement le même qui souscrivit un acte à Acre le 15 septembre 1256 et qui fut témoin en 1269 d'une donation du roi Hugues (2).

En 1271, devant le prince Edouard d'Angleterre, il prononça au nom de la communauté des liges une belle et fière plaidoirie sur le service d'ost des vassaux (3).

Beugnot et tous les auteurs attribuent sans motif le livre de Geoffroy le Tort à un certain Geoffroy qui fut chambellan du royaume de Chypre en 1247. Il serait, je crois, plus vraisemblable d'attribuer ce traité à son petit-fils Geoffroy le Tort dont nous ne savons rien, mais qui très certainement était à l'âge d'homme en 1270-1280 (4).

L'auteur de la Clef des Assises est inconnu.

Valeur de ces livres. — Les livres de Jacques d'Ibelin et de Geoffroy le Tort se ressemblent beaucoup. Tous deux sont consacrés exclusivement au droit féodal. Ils sont courts, mais clairs et méthodiques. Leur lecture est facile parce que les principes juridiques sont nettement dégagés

1. Rey, *Famille d'outre-mer*, page 376.
2. Röhricht Regesta regni hiérosolymitani, n°s 1350 et 1368.
3. Beugnot, II, p. 427 et suivantes.
4. Rey, *Fam. d'outre-mer*, page 601.

de la procédure et des cas concrets. Ils sont presque modernes d'allure.

Il est assez difficile de dire quelle fut l'autorité de ces ouvrages. Ils ne sont jamais cités. Cependant l'existence d'une traduction italienne semblerait prouver qu'on les a consultés très longtemps.

Ils ont un intérêt documentaire très réel mais accessoire : ils s'inspirent de Jean d'Ibelin qu'ils se bornent le plus souvent à résumer, mais que parfois cependant ils corrigent (1). Ces corrections ont pour nous une grande valeur ; elles nous permettent de savoir ce qui dans l'œuvre du grand feudiste a été accepté par la pratique et ce qui a été rejeté.

La Clef des Assises elle aussi résume et parfois corrige le livre de Jean d'Ibelin. Elle a le même genre d'intérêt que les livres de Jacques d'Ibelin et de Geoffroy le Tort.

1. Voir les notes de Beugnot sous les chapitres de ces deux livres.

QUATRIÈME PÉRIODE

Préliminaires. — Après la chute de Saint-Jean d'Acre, les assises de Jérusalem ne furent plus observées qu'en Chypre. Mais ici elles étaient une importation étrangère et elles ne pouvaient s'appliquer aussi naturellement qu'en Syrie. Il faut savoir ce que fut la vie politique chypriote pour comprendre ce qu'y devint le droit de Jérusalem et ce qu'y valurent les livres des assises.

La situation du roi de Chypre n'était pas la même que celle du roi de Jérusalem. Historiquement et, si j'ose dire, constitutionnellement, elle différait profondément.

Comme l'a très justement noté M. Madelin (1), le royaume de Jérusalem était à l'origine une république féodale présidée par un roi élu. Le royaume de Chypre, au contraire, était le domaine propre de la famille de Lusignan qui avait acheté l'île, et l'avait ensuite donnée en partie en fief à des fidèles ou à des immigrants. La situation morale, le prestige des Lusignan à Chypre en face de vassaux qui étaient des donataires devaient être beaucoup plus grands qu'en Syrie en face de vassaux qui étaient des électeurs. De plus il n'y avait pas dans l'île de grands domaines féodaux ; presque tous les fiefs mouvaient directement du roi. Ce n'était certainement pas un avantage matériel (2) ; c'était du moins une force morale.

1. *Revue des Deux-Mondes*, 15 mars 1917.
2. Il pouvait cependant y avoir quelque profit matériel : alors que d'après le *Livre des Assises des Bourgeois* les biens tombés en deshérence en Syrie allaient au seigneur du lieu (*Liv. des Assises des Bourgeois*, ch. 195), en Chypre ils vont au roi propriétaire éminent de l'île (*Abrégé du L. des Assises des Bourgeois*, ch. 34 ; Beugnot, II, page 346).

Si historiquement et moralement la position des rois était meilleure en Chypre qu'en Syrie, juridiquement elle était pire.

Assise d'Amaury. — L'assise d'Amaury domine toute la vie politique des deux royaumes (1) ; elle est la grande charte de l'Orient Latin. Mais en Syrie cette assise avait été une victoire du roi de Jérusalem et des petits vassaux sur les hauts barons. Elle avait renforcé l'autorité royale en ligottant les grands feudataires et en assurant au roi la fidélité et l'appui des arrière-vassaux. En Chypre au contraire elle se retournera contre l'autorité royale et la ruinera parce qu'ici le roi est le seigneur immédiat de tous les vassaux de l'île.

Quelques explications sont nécessaires (2).

Cette assise fut établie à la suite d'une guerre victorieuse entreprise contre Girart de Saeste par le roi Amaury qui régna de 1162 à 1173 pour remettre en possession de son fief un vassal de ce Girart injustement dépouillé par lui.

L'assise décida :

1º Que tous les détenteurs de fief du royaume vassaux immédiats ou arrière-vassaux devraient au roi l'hommage *lige* ;

2º Qu'aucun vassal ne pourrait être inquiété dans sa personne, dans sa famille ou dans ses biens par son seigneur sans esgart de cour (3) ;

3º Que tous les vassaux ayant prêté l'hommage lige à un même seigneur constitueraient une communauté de pairs, et que tous seraient tenus de protéger chacun d'eux contre tout abus de force de leur commun seigneur.

Il y avait donc deux sortes de communautés : D'abord

1. L'assise d'Amaury a rendu possible la naissance et le développement de la théorie de l'hommage-contrat, dont nous avons parlé, p. 90 et suiv. C'est là une conséquence indirecte mais importante de l'assise.

2. Sur l'assise d'Amaury, voir Jean d'Ibelin, ch. 209, etc. Philippe de Novare, ch. 50 et suivants.

3. Sauf le cas de trahison apparente, cette réserve n'est pas formulée dans l'assise d'Amaury mais elle se déduit du Livre au Roi, ch. 16.

la grande communauté des liges comprenant la totalité des détenteurs de fief du royaume qui tous avaient prêté l'hommage lige au roi, puis ensuite une série de petites communautés faites chacune des vassaux des divers barons. Toutes ces communautés devaient, si leur seigneur agissait sans esgart de cour contre la personne, la famille ou les biens de l'un quelconque de leurs membres : d'abord faire des remontrances à ce seigneur, ensuite le gager de leur service, enfin, en cas de nécessité, prendre les armes.

En Syrie. — Evidemment cette assise, même en Syrie, limitait l'arbitraire royal. Une communauté de liges légalement constituée en face du roi était une gêne. Mais cette communauté était composée d'hommes résidant sur toute l'étendue du royaume ; elle comprenait à la fois les plus grands barons et les plus modestes vassaux de ces mêmes barons. Dispersée et profondément divisée par des conflits d'intérêts, cette communauté ne pouvait pas constituer une force vraiment agissante.

L'obligation de ne prendre aucune mesure d'exécution contre un lige sans esgart de cour ne devait guère contrarier l'autorité royale. Pour former une cour, trois juges et deux conseils suffisaient. Il était bien facile au roi de trouver cinq créatures prêtes à tout faire.

En face de ces entraves, en fait si légères, l'assise d'Amaury donnait au roi de Jérusalem de très grands avantages. L'hommage lige de tous les arrière-vassaux était pour la royauté une grande force. Il assurait au roi le service d'ost de tous les fieffeux et il rendait presque impossible aux grands barons la révolte ouverte puisqu'en pareil cas leurs propres vassaux auraient dû servir le roi contre eux. L'assise permettait au chef seigneur sous prétexte de protéger son lige, d'intervenir entre l'arrière-vassal et son seigneur ; il assurait au roi la sympathie de ces arrière-vassaux tout disposés à favoriser contre le baron immédiat la royauté lointaine.

Très favorable [au roi, l'assise d'Amaury paralysait, au contraire, le grand feudataire.

L'obligation de ne rien entreprendre contre un vassal

— 153 —

sans esgart de cour était beaucoup plus gênante pour le petit seigneur que pour le roi. Sur quinze ou vingt vassaux (1), il devait être bien difficile de trouver cinq hommes assez dociles pour oublier leurs devoirs de juges et leur solidarité de pairs. Une communauté étroite de vassaux tous groupés, tous également intéressés à restreindre l'autorité seigneuriale était infiniment plus redoutable pour le baron que ne pouvait l'être la grande communauté des liges pour le roi.

En Chypre. — Toute différente sera la situation en Chypre. L'île est petite, les liges peuvent aisément se réunir. De plus il n'y a pas de grands domaines seigneuriaux. Presque tous les féodaux tiennent en fief non de la terre, mais des rentes en argent le plus souvent payées directement à chacun d'eux par le trésor royal. Presque tous les liges sont des vassaux immédiats de la couronne tous également intéressés à résister au chef seigneur. Leur communauté est à la fois groupée et unie. Elle est extrêmement redoutable.

Le roi ne peut plus être aussi sûr de sa cour de justice. Sans doute, il pourra toujours y appeler ses plus fidèles vassaux ; il pourra même peut-être former avec eux une sorte de conseil étroit (2) ; mais il lui sera bien difficile d'interdire l'accès de sa cour aux princes de sa famille, aux dignataires de la couronne, aux fils des grands feudataires de Syrie qui n'ont plus de domaines fonciers et qui tous vivent autour du roi et du roi dans sa capitale ou même dans son palais (3).

Les forces de la royauté. — Cependant la royauté n'est pas entièrement désarmée. Il lui reste deux grandes forces : ses finances, son armée.

1. Philippe de Novare, ch. 51.
2. Cf. page 161 et suiv.
3. La chute de Saint-Jean d'Acre a certainement contribué à développer en Chypre la vie de cour. Les seigneurs syriens reçurent des dignités grassement payées et les titres purement honorifiques de princes d'Antioche, de comte de Tripoli, etc. Ces nouveaux courtisans conservèrent l'esprit féodal et ils furent pour le roi de Chypre un danger permanent.

L'organisation financière du royaume de Chypre était assez développée et les ressources abondantes. Les revenus domaniaux étaient considérables. Les seules salines de l'île rapportaient 3oo.ooo écus par an (1). Les ressources fiscales étaient probablement plus importantes encore. Tous les féodaux payaient très régulièrement au roi une redevance annuelle sur les revenus de leurs fiefs (2). La trésorerie royale retenait une dime sur les fiefs de soudée (3). Elle percevait des droits de douane importants (4). Pierre Ier sous prétexte d'affranchissement exigea jusqu'à 1.000 aspres de chaque ménage de parrique (5). Jacques II imposa très lourdement tous ses sujets (6).

La royauté avait encore une autre force : l'armée. Les rois de Chypre, et surtout Pierre Ier, entretinrent des soldats mercenaires venus d'Europe. Ces hommes détestaient la population locale (7), mais ils étaient tout dévoués au prince et ils obéissaient à une discipline très sévère (8). Ils constituaient une excellente garde prétorienne.

Les rois de Chypre avaient donc de l'argent et des soldats. Avec de l'argent pour acheter les membres de la Cour, des soldats pour contenir la communauté des liges, un prince habile pourra être très fort. Mais que le roi s'appauvrisse, que l'armée soit licenciée, la Cour deviendra hostile, les liges omnipotents et ce sera le triomphe de l'anarchie féodale.

Conclusion. — L'assise d'Amaury et les assises de Jérusalem en général étaient très dangereuses pour les rois de Chypre, très avantageuse pour les féodaux. On comprend aisément que les princes aient cherché à abolir les assises et qu'ils se soient efforcés de légiférer seuls. Mais c'était

1. Hey, *Hist. du commerce du Levant*, t. II, p.
2. Déclaration de 1306, *Revue des questions historiques*, t. XLIII, p. 524.
3. Macheras, *Chrn. de Cypre*, p. 353, etc.
4. Heyd, *Hist. du comm.*, t. II, p. 10 et suiv.
5. Macheras, p. 118, 119, etc.
6. Macheras, p. 352, 353, 354, 355.
7. Macheras, p. 61, etc. Philippe de Mézières, Jorga.
8. Le roi avait sur eux le droit de vie et de mort, Macheras, p. 61, III, etc.

absolument contraire à l'esprit du droit hiérosolymite (1).
Toujours au sacre les rois juraient : « les prévilèges des
beneyrés reis mes devanciers et les assises dou royaume et
dou rei Amauri et dou rei Boudoyn son fils et les anciennes
costumes et assises dou royaume de Jérusalem garderai, et
tot le peuple crestien dou dit roiaume selonc les costumes
anciennes et aprovées de ce meisme roiaume et selonc les
assises des devant dis rois en lors dreis et en lor justises
garderai si come roi crestien et feil de Dieu le doit faire en
son roiaume, et totes les autres choses dessus dites garderai féaument. Ensi m'ait Dieu et ces saintes évangiles de
Dieu (2). »

Ce serment était la cause et la base de toute l'organisation politique du royaume. Violer les assises, légiférer seul,
c'était comme un parjure et un coup d'état (3).

Champion de l'ordre, le roi luttera contre la légalité, et
les anarchistes féodaux s'appuieront sur elle et lutteront
pour elle. L'histoire politique et l'histoire juridique de l'île
sont intimement liées l'une à l'autre ; elles s'expliquent et
se complètent l'une l'autre.

Elles sont malheureusement assez difficiles à dégager
toutes les deux, parce que les chroniques sont confuses, et
que les textes juridiques connus ne donnent que des renseignements fragmentaires.

Une chose est cependant certaine. De la chute de Saint-
Jean d'Acre jusqu'à l'assassinat de Pierre Ier en 1369 les rois
ont été presque constamment les plus forts. De par leur
seule autorité et sans le concours de leurs hommes, ils violè-
rent les assises, établirent et firent appliquer leurs ordonnements. De 1369 à 1489, au contraire, les rois furent presque
constamment les plus faibles et ce fut le triomphe de l'anarchie féodale. Les assises de Jérusalem n'ont plus été violées

---

1. Au xⁱⁱⁱe siècle le *Livre des Assises des Bourgeois* déclare inap-
plicable un règlement de voirie du roi Beaudouin parce qu'il fut établi par le roi seul sans le concours de ses hommes. *Livre des Assises
des Bourgeois*, ch. 303.

2. Livre de Jean d'Ibelin, ch. 7.

3. Le serment de garder les assises était interprété comme inter-
disant toute innovation (abrégé du *Livre des Assises*, ch. 21 ; Beugnot, II, p. 321-322

de façon systématique, mais elles ont dû partiellement tomber en désuétude.

Chypre de 1287 à 1369. — La perte de la Syrie fut certainement pour Chypre et ses rois un événement heureux. « Il est prouvé que moins de dix ans après la chute de Saint-Jean d'Acre les quatre plus grandes places de commerce de l'époque, Venise, Gênes, Pise, Barcelone avaient achevé de transférer leurs colonies de Syrie en Chypre (1). » L'île devint si riche qu'un voyageur allemand, Rudolphe de Sutheim, préfère ne pas parler de l'abondance des objets de luxe en Chypre parce que ses compatriotes ne voudraient pas le croire (2).

Le prestige de la royauté grandit certainement après la perte de la Syrie. Les hauts barons de « ca la mer » arrivèrent en Chypre ruinés et suppliants. Puissance, dignité, subsistance même, ils durent tout à la générosité royale. Plus que jamais les Lusignan apparaissent comme les donateurs de leurs vassaux, les seigneurs directs de tous les liges, les propriétaires éminents de l'île entière.

Historiquement et moralement ils sont les maîtres ; juridiquement vont-ils le devenir ? Parviendront-ils à briser les assises ? Il semble bien qu'Henri II l'ai tenté et qu'il se soit efforcé de créer seul du droit nouveau. Nous possédons de lui une série d'ordonnements établis de par sa seule autorité et sans le concours de ses hommes ; mais il rencontra vite des résistances.

En 1303 il avait établi un ordonnement sur la répression de l'homicide qui était contraire aux dispositions des assises. Les bourgeois réunis sous la présidence du vicomte Hue Piétau décidèrent qu'ayant juré d'observer les assises de Jérusalem, ils ne pouvaient appliquer le nouvel ordonnement royal (3).

Par la suite et probablement entre 1303 et 1305 (4), un

1. Heyd, *Hist. du comm.*, t. II, p. 7.
2. Rudolphe de Sutheim, De itinere terræ sanctæ liber, éd. Deycole dans Bibliot. des litérar. Veriens, col. 25. Suttgard, 1851, p. 32-34.
3. Livre du plaidoyer, ch. 21 ; Beugnot, II, p. 321-322.
4. Le 15 août 1301, Hue Piétau n'était pas renvoyé puisqu'il fit transcrire un ban au livre de la Cour (Bans et ordonnements, XVII, Beugnot, II, page 366). Mais il n'était plus vicomte en 1305 (*ibid.*, ch. 18).

plaideur qui avait vainement réclamé l'application de l'ordre royal alla se plaindre à Henri II. Le roi convoqua le vicomte. Hue Piétau déclara que la cour estimait impossible d'appliquer un règlement contraire aux assises et aux usages de Jérusalem qu'elle avait juré d'observer. Henri fit appeler devant lui les jurés de Nicosie, les terrorisa et les fit céder. Hue Piétau fut destitué, les formules des serments du vicomte et des jurés furent modifiées. Ils durent jurer de juger d'après les assises et les usages « sauf des choses ès cas desquels le roi a fait ou fera especiau coumandement » (1-2).

C'était reconnaître au roi, au moins en matière extraféodale, le droit de légiférer seul et d'abroger ou de modifier à son gré les dispositions des assises de Jérusalem. Henri sut immédiatement profiter de son succès. Dès 1365 par deux ordonnements successifs il élargit la compétence des cours bourgeoises au détriment des juridictions ecclésiastiques (3).

Imposer sa volonté à des jurés et des justiciables bourgeois qui n'avaient ni statut légal ni organisation, qui ne possédaient aucune puissance ni de fait ni de droit, était chose facile pour le roi. Il n'en allait pas de même en face

1. Pour tout ce récit, voir *Abrégé du Livre des Assises des Bourgeois*, ch. 21, Beugnot, 11, p. 321-322.

2. Cette formule est fournie par le livre du plédéant, ch. 2, auquel renvoie le ch. 21 du livre du plaidoyer. Voici la partie essentielle de ce serment : ils jurent de juger « selonc les bons us et les bones coutumes dou royaume de Jérusalem et de Chypre et par assize ou uzage là où ils connoitront que il y aurait assize ou usage et de ce où il n'auraient assize ou uzage au plus près de la raizon selonc lor connoissance sauf des chozes et ès cas desquels le roi a fait ou feroit especiau coumandement ».

Inutile d'ajouter que cette réserve « sauf des chozes ès cas desquels le roi a fait ou ferait especiau coumandement » vise non pas seulement les cas où les jurés auraient eu à juger d'après la raison (ainsi que permettrait de le supposer la construction grammaticale de la phrase), mais encore dans les cas où les jurés auraient dû juger d'après les assises ; la réserve est évidemment générale, puisque cette formule de serment fut ordonnée par le roi pour briser la résistance d'une cour qui ne voulait pas appliquer un ordonnement royal contraire aux assises de Jérusalem parce qu'elle avait juré d'appliquer ces assises.

3. Bans et ordonn., ch. 19 et 21 ; Beugnot, 11, p. 366 et 367.

d'une communauté des liges légalement constituée et encore
fortifiée par les circonstances. Des incursions sarrasines
avaient fait des ravages considérables dans l'île et le roi
Henri n'avait plus alors ni argent pour acheter des sym-
pathies (1), ni soldats pour contenir les antipathies (2).
Essaya-t-il quand même et encore d'imposer ses volontés
à la Haute Cour et de modifier les assises féodales ? C'est
possible mais douteux. Ce qui est certain, c'est qu'en 1306
les liges mécontents signifièrent au roi Henri qu'il devait
abandonner le pouvoir et que le gouvernement serait
désormais confié à son frère Amaury de Lusignan prince
de Tyr.

Rappelé par les vassaux restés fidèles et les mécontents
du nouveau régime, Henri revint sur le trône au mois
d'août 1310 après avoir passé une sorte de contrat avec la
communauté des liges (3). Il n'apparaissait plus maintenant
que comme le chef ou plutôt le débiteur d'un parti (4).

Le 10 juin 1311, le serment du vicomte fut modifié.
Dorénavant, il devra jurer « que il fera droiture et justice
a chascune personne a qui il la devra faire par les bons us et
coustumes de ceste royaume selonc se que il en pora estre

1. Henri était alors très pauvre et très endetté comme le prouve la
convention notariée passée le 13 mai 1306 (Kohler, *Rev. Or. lat.*, t. 11,
page 443) entre le roi et la communauté des liges (Doc. arm., t. 11,
page 861, note). Philippe de Mézières dit qu'après sa restauration
en 1310, Henri dut s'interdire tout luxe superflu et se « restrainxit a
despense ordonnée sans laquelle bonnement il ne se povoit passer »
(Songe du vieil pèlerin dans Mas Latric, t. 11, p. 15-16).

2. Je ne trouve dans aucune chronique mention pendant cette
période de soldats étrangers, on ne parle jamais que des féodaux.
Du reste la pauvreté d'Henri II l'empêchait d'entretenir des mercenaires.

3. Remède fait par le roi Henri et ses hommes en juin 1310. Beugnot conteste l'exactitude de cette date sous le prétexte que le roi
n'était rentré en Chypre qu'en août 1310, et n'avait pu s'entendre avec
ses hommes en juin. C'est oublier qu'avant le retour du roi la
communauté des liges avait envoyé plusieurs fois des délégations en
Arménie où se trouvait Henri. Cf. Amadi, p. 355 356-365-371-372 ;
cf. Lusignan, *Hist. de l'île de Chypre.* Ce remède contrat s'occupait
surtout de questions d'ordre pécuniaire ; cependant par son existence
même il réduisait l'autorité royale.

4. Amadi signale des mesures violentes prises par la cour du roi
contre les anciens partisans d'Amaury (p. 391 et 392) et des mesures
de clémence prises par le roi seul, p. 387 et 391.

sertifié » (1). Le roi perdait même en cour bourgoise le droit de faire des « especiaus commandements ». On en revenait à l'application exclusive du droit traditionnel.

En 1310 les liges révoltés ne s'étaient pas réclamés des assises, ils n'y avaient même peut-être pas pensé ; cependant en ruinant l'autorité royale ils devaient restaurer les vieilles assises. C'était dans la logique des choses.

Mais Henri II semble avoir assez vite repris de l'autorité. Après cette période de gêne pécuniaire « Dieu » lui multiplia si son royaume qu'il reprist l'estat royal moyen et honourable (2). En 1913 il fit équiper de nombreux soldats et armer des galères (3).

Aussi en mars 1313 une assise décidait que le vicomte devait jurer de juger « selon les bons us et les bones coutumes dou royaume de Jérusalem, sauve des choses et cas de quei le seignor vos a fait ou fera especiau commandement » (4).

C'était revenir à la situation d'avant 1306 avec cependant deux restrictions. Maintenant la formule n'est plus imposée par le roi seul ; elle est établie en vertu de l'assise « que monseigneur le roi Henri fist et par ses hommes » (5) et elle a pu être établie « parce qu'il n'y a rien qué amender il se puisse faire par le roi et par ses hómes » (5). De plus cette formule de serment n'est que provisoire puisque l'assise ne doit être applicable que de l'entrant de mars 1312 à la fin de février 1316 (6).

Les liges ont-ils cherché à contenir l'autorité du roi ? Ont-ils voulu ne lui octroyer en matière législative qu'une sorte de mandat temporaire ? C'est très possible. Mais en

1. Kausler, ch. 352 p. 403.
2. Philippe de Mézières, *op. cit.*, page 116.
3. Amadi, page 394.
4. Kausler, ch. 382, *in fine*, page 420. Contrairement à ce que dit de Mas Latrie dans son Trésor de chronologie, page 322 qui estime que l'année commençait en Chypre à Noël, je crois que l'année judiciaire aux XIIIe et XIVe siècles commençait à Pâques.
5. Kausler, ch. 382 (il existe une véritable contradiction entre l'attendu et l'objet même de l'assise).
6. Abr. du liv. des assises des bourgeois, ch. 3, Beugnot, II, p. 327. cf. 2e partie, ch. 21, *in fine*, page 312, ce serment diffère peu de celui de 1312.

fait ils ont simplement consolidé la puissance royale. De par leur intervention même ils ont reconnu formellement le droit pour le roi de faire des « especiaux coumandements ». Aucun texte ne nous dit si en 1316 les liges ont renouvelé l'assise de 1312, mais l'abrégé du livre des assises des bourgeois nous apprend que trente ans plus tard sous Huges IV la formule du serment en usage était celle-là même qui avait été imposée par Henri II en 1306 (1).

Depuis la restauration de Henri en 1310 et la consolidation de son pouvoir dans les années suivantes jusqu'à l'assassinat de Pierre Ier en 1369 il ne s'est passé aucun événement important de politique intérieure.

Hugues IV et Pierre Ier furent tous deux des princes autoritaires et durs pour leurs vassaux. Mais, tandis que Hugues vécut dans la paix et dans l'opulence, Pierre Ier ne cessa de guerroyer. Il mena ses armées victorieuses en Arménie à Satalie, à Ghorigos, à Tripoli, à Tortose et à Alexandrie. Succès brillants mais éphémères !

Ni Hugues ni Pierre Ier ne furent des monarques vraiment absolus. Sous leurs règnes la Haute Cour c'est-à-dire la collectivité des liges, conserva ses privilèges essentiels. C'est elle qui, comme le veulent les assises, a déclaré Hugues héritier légitime ; c'est elle qui l'a invité à requérir le pouvoir ; c'est elle enfin qui par la main de son président a investi le roi avec la verge (2). Si en 1325 la Haute Cour a accordé au roi l'exhérédation de rebelles (3), en 1342 elle lui a refusé la condamnation de l'infant de Majorque (4). Ce refus a peut-être été formulé avec quelques précautions, même quelque crainte (5), mais il a cependant arrêté le

---

1. Abr. du liv. des assises des bourgeois, ch. 3. Beugnot, II, p. 327, cf. 2e partie, ch. 21, *in fine*, page 322, ce serment diffère peu de celui de 1312.

2. Document relatif à la succession au Trône. Beugnot, II, p. 419-422.

3. Amadi, page 403.

4. *Mémoires de Fernand de Majorque*, § 38 de Mas Latrie, H. de Chypre, t. II, page 194.

5. *Ibid.* La Haute Cour « non ascensit voluntati regis, sed vituperare et desistere noluit ipsum sive affligere » cf. note 3 de Mas Latrie, p. 194.

roi. Pendant toute cette période la Haute Cour est restée en face de Hugues IV une autorité indépendante.

En 1362-3 pendant une absence de Pierre Ier la collectivité des liges se montra plus audacieuse encore. Nous possédons le texte d'un remède de janvier 1363 (1) qui marque un curieux effort de réaction féodale. Il est intéressant à plusieurs titres. Il nous montre d'abord qu'à cette époque et grâce peut-être à l'absence du roi (2) les liges se sont sentis assez forts sinon pour imposer leurs volontés du moins pour l'exprimer.

Le remède est surtout intéressant parce qu'il prouve qu'à cette date les liges avaient parfaitement compris tous les avantages qu'ils pouvaient tirer des assises de Jérusalem. Ils ont demandé une rédaction officielle du vieux livre de Jean d'Ibelin (3). Leurs revendications sont nombreuses et variées. Mais toutes peuvent se résumer d'un mot : application rigoureuse des assises de Jérusalem (4).

Hugues IV et Pierre n'ont pas eu une autorité absolue et sans limites ; mais ils furent cependant très puissants. Si

1. Beugnot, II, page 378. La Thaumassière, ch. 314, page 214. Le mardi 16 janvier 1362, dit le texte ; or le 16 janvier n'est un mardi ni en 1362 ni en 1363, mais je suppose que l'année commençait non à Noël comme le dit de Mas Latrie, mais à Pâques.

2. En janvier 1363, Pierre Ier était parti en Europe pour soutenir contre Hugues de Lusignan ses droits à la couronne de Chypre, et des Turcs avaient débarqué en Chypre à Pendaïa (Macheras, p. 70-71 ; p. 74-75 et suiv.).

3. Remède de 1362, parag. 8 ; Beugnot, II, p. 379.

4. Il y a 13 revendications, les unes sont d'ordre économique je n'en parlerai pas, les autres sont d'ordre juridique et présentent le plus grand intérêt.

Défense est faite au roi d'établir nul cabèle ni nulle condition sans l'assentiment de ses hommes ou de la plus grande partie d'entre eux.

Les hommes devront être tenus en leurs privilèges droits et franchises conformément à l'assise.

Défense au roi de mettre la main sur ses hommes ou sur leurs femmes et enfants sans jugement.

Observation des garanties prévues par les assises pour la femme maîtresse de fief et tenue au mariage.

Défense pour le roi de déclarer la guerre ou la paix ou de faire venir plus de 100 soldats mercenaires sans l'assentiment des liges

Chaque fois qu'une féauté sera prêtée les hommes pourront se jurer les uns aux autres aide et conseil pour le cas où l'un d'entre eux serait outragé hors de l'assise et de l'usage.

les hommes ont pu exprimer des desiderata, ils n'ont pas
pu les imposer, ce remède de 1362 ? est resté lettre morte
et la rédaction officielle du livre de Jean d'Ibelin n'a été
réalisée qu'après la révolte de 1369.

Si la Haute Cour est resté une autorité indépendante,
elle ne fut pas une autorité agissante. Sauf les cas de trans-
mission du pouvoir à l'occasion du décès du souverain ou
du bail ou à l'occasion de la majorité d'un roi enfant, la
Haute Cour ne pouvait pas se réunir d'elle-même ; elle
devait être convoquée par le roi. Or les livres des assises
ne mentionnent pas un seul cas dans lequel le roi soit tenu
de convoquer une cour plénière. Il lui aurait peut-être été
difficile de juger en dehors d'elle un très grand personnage (1), mais certainement le roi pouvait dans tous les
cas, et sans irrégularité apparente recourir à une Haute
Cour composée seulement de trois juges. Les chroniques
chypriotes du XIVe siècle nous montrent les rois faisant
couramment trancher les questions pendantes par une cour
peu nombreuse.

Cette cour restreinte n'était en principe qu'une repré-
sentation de la cour plénière ; mais elle semble devenir
comme un organisme nouveau. En 1310 déjà, avant le
retour de Henri II, le gouverneur de Chypre avait un conseil étroit (2). Sous Hugues IV, Fernand de Majorque distingue la Cour plénière (totum consilium istius terræ Chi-
pri) (3) de la Cour royale qui était un organisme permanent,
et qui ne faisait qu'homologuer les volontés du roi (4). Sous
Pierre Ier des personnages portaient le titre de Conseillers (5). Il semble donc bien que les rois de Chypre aient
eu au XIVe siècle un conseil étroit ou à tout le moins une

1. C'est ainsi que Hugues IV réunit une cour plénière pour faire
juger son gendre l'Infant Fernand (De Mas Latrie, II, p. 194, § 38 que
Pierre Ier réunit une cour très nombreuse pour juger la reine ; Mâché-
ras, p. 139.

2. Amadi, p. 143, il contestabile et il principe con il suo *tretto consiglio fecano uno ordenime et lo prenosero pel el consiglio piu largo*.

3. *Mémoires de Fernand de Majorque*, parag. 38, p. 194.

4. Machéras, p. 48, *Mémoires de Fernand de Majorque*, parag. 41,
p. 195.

5. Machéras, p. 98, 105, 138, 139, 155, *in fine*, etc.

Haute Cour restreinte, de composition fixe et entièrement
dépendante.

Aussi les rois purent-ils violer les dispositions essentielles des assises de Jérusalem par des mesures individuelles arbitraires ; violer même leur serment fait au sacre
de tenir les assises en faisant seuls et sans leurs hommes
des espéciaux coumandements.

Sous le règne de Hugues IV les prescriptions les plus
essentielles des assises de Jérusalem et de la grande assise
d'Amaury furent violées. C'est ainsi que ce prince fera mourir dans une prison dont il avait la clef un chevalier innocent (1), qu'il fera emprisonner sans motif une dame
noble (2), qu'il fera saisir et vendre les chevaux et le mobi-
lier du comte de Jaffe ou de l'infant de Majorque (3).

Les cours bourgeoises étaient peut-être encore plus
dépendante que les cours féodales. Le vicomte de Nicosie
devait aller chaque jour demander au roi « si il li vodrait
faire ou dire aucun coumandements (4). » Sur coumandement, le vicomte arrêta des clercs (5) et incarcéra des étrangers membres de communes (6) ou de pauvres gens inno-
cents (7). La Cour de Nicosie avait une troupe de policiers
à cheval commandée par le vicomte et le mathessep (8).
Avec cette troupe Hugues fit surveiller ou arrêter ses ennemis personnels, liges et bourgeois, clercs et laïques, chypriotes et étrangers (9).

Pierre Ier ne fut pas plus tendre. A partir de 1368, il fit à
ses vassaux une guerre ouverte. Profondément humilié de

1. *Mémoires* de Fernand de Majorque, parag. 25, p. 191-192 (ce
chevalier étant étranger, il n'y avait pas violation de l'assise d'Amaury
comme dans les cas suivants.

2. *Ibid.*, parag. 41, p. 105.

3. *Ibid.*, parag. 61 et 64. Il y a même eu saisie sans jugement du
fief de l'Infant, parag. 45.

4. *Abrégé du Livre des Assises des Bourgeois*, ch. 7; Beugnot, II,
p. 239.

5. *Mémoires* de Fernand de Majorque, parag. 21, puis 44, 59,
55, etc.

6. *Ibid.*, parag. 35.

7. *Ibid.*, parag. 63, 22, 23, etc.

8. *Livre du Plédéant*, ch. 7, 10 et 11.

9. Voir Fernand de Majorque qui appelle ses sergents des clientes;
parag. 38, 27, 38, 42, 44, 52, 59, 63, etc.

l'inconduite de la reine sa femme, il détestait les barons
de sa cour qui connaissaient ses malheurs conjugaux. Il
voulut faire périr ses deux frères et une partie des chevaliers (1). Il obligea Marie d'Ibelin et d'autres grands seigneurs à travailler avec des esclaves à le construction d'une
tour. Sous un prétexte futile et injuste (2), il condamna le
sire Henri de Gibelet à la prison (3), il fit mettre aux fers
son fils Jacques de Gibelet (4), il voulut contraindre sa fille
Marie de Gibelet à épouser un tailleur et il la soumit à la
torture (5).

Ces quelques exemples suffisent à prouver que sous
Hugues IV et Pierre Ier, les assises n'ont pas été appliquées régulièrement. Nos livres des assises ne nous permettent donc pas de savoir ce que fut la pratique judiciaire
de ce temps. Ils ne nous permettent même pas de connaître le droit théorique, la législation positive.

Les rois ont fait pendant cette période des espèciaus
coumandements.

Ils ont fait des espèciaus coumandements pour la cour
bourgeoise. La chose est certaine. Par le livre du pléédeant, nous savons que le vicomte et les jurés prêtaient le
serment ordonné par Henri II qui reconnaissait le droit
pour le roi de faire des especiaux coumandements. Par ce
même livre nous connaissons même le texte de quelques-
uns d'entre eux (6).

Ils ont également fait des especiaus coumandements
pour la Haute Cour. En 1369 la communauté des liges
révoltés abrogea « les novelletes et plusiors choses qui au
temps passé se faisoient sans l'assent et l'otroi des homes
liges, lesquels estoient encontre les assises et usages et
aussi au grant damage des homes liges et de la commu-

---

1. Machéras, p. 145.
2. Pour avoir refusé de donner à Pierre, comte de Tripoli, le jeune
fils du roi des lévriers appartenant à Jacques de Gibelet (Machenas,
p. 145 et suiv.).
3. Machéras, p. 148-149.
4. Machéras, p. 148.
5. *Ibid.*, p. 148-149.
6. Par exemple, ch. 25, p. 255. Kausler, ch. 354 et 351.

nauté dou peuple (1) ». Il s'agit évidemment d'especiaus coumandements et d'especiaux coumandements féodaux puisqu'ils étaient pris sans la communauté des liges et contre la communauté des liges.

Mais tous ces actes arbitraires, toutes ces violations des assises ne devaient pas rester longtemps impunis. Les liges de Pierre Ier étaient fatigués des expéditions continuelles (2), ils étaient très attachés à leurs devoirs de pairies (3) et surtout ils se sentaient tous menacés (4). Le 16 janvier 1369, ils protestèrent contre le roi « parjure » qui avait prêté serment d'observer les assises (5) : « Seigneur, disaient-ils à Pierre Ier, il nous paraît que tu as agi illégalement en te conduisant ainsi contre tes liges sans soumettre la querelle à la cour souveraine pour qu'elle l'entendît et la jugeât ; tu foules ainsi aux pieds les lois et les assises, car par le serment fait pendant ton couronnement tu as promis de les considérer comme tes pairs » (6).

Les liges déclarèrent au roi qu'ils allaient chercher quelque article relatif à l'affaire (7) pour le lui soumettre (8).

Puis les grands barons et les chevaliers de tous rangs se réunirent dans la maison du prince d'Antioche. Ils rédigèrent sur les dispositions des assises, relatives aux devoirs réciproques du roi et des liges une notice écrite (9). Ils décidèrent d'arrêter le roi et de lui ôter sa liberté si il ne promettait sur sa foi de traiter ses hommes selon les assises d'après lesquels ses prédécesseurs « les feus rois ont ordonné toutes les bones coutumes du royaume » (10).

1. Beugnot, I, p. 3.
2. Jorga et les textes cités par cet auteur, p. 386-387.
3. Remède de 1362, parag. XIII ; Macheras, p. 145 (Pierre Ier cherche à séparer les liges); Macheras, p. 148 (nous sommes tenus par notre loi de nous secourir l'un l'autre, dit un chevalier à un seigneur).
4. Macheras, p. 149.
5. *Ibid.*, p. 150.
6. *Ibid.*, p. 150 ; ce discours est peut-être imaginaire. Il n'en est pas moins caractéristique de ce que pensaient les liges.
7. L'emprisonnement du prince de Saettes et d'autres liges.
8. Macheras, p. 151.
9. De Mas Latrie, p. 338.
10. Macheras, p. 157.

Puis ils partirent dans la nuit pour délivrer les liges prisonniers (1).

Le 17 janvier 1369 au petit jour, ils pénétrèrent dans le palais royal. Le prince d'Antioche entra dans la chambre du roi son frère pour lui présenter la notice rédigée par les liges. Brusquement des chevaliers se précipitèrent dans la chambre et poignardèrent leur chief seigneur (2).

Ce meurtre est-il un assassinat commis par quelques exaltés. Fut-il au contraire décidé par la communauté entière des chevaliers et des princes? Peu nous importe.

C'est parce que le roi violait les assises et que les liges voulaient les faire respecter que la révolte a éclaté. Les faits qui précèdent la mort du roi sont à ce point de vue très caractéristiques. Ceux qui la suivent ne le sont pas moins.

Dès le 18 janvier 1369, les liges révoltés abolirent toutes les novelletés que les rois avaient faites au temps passé sans le consentement de leurs hommes. Ils décidèrent pour le commun profit du peuple et des féodaux d'en revenir aux assises et usages du royaume « enci come elles furent ordonnées et establies par Godefroi de Bouillon, premier roy de Jérusalem et les homes liges et jurés et les autres homes liges qui après lui ont été lés uns après les autres » (3). Les liges firent une rédaction officielle du livre de Jean d'Ibelin auquel ils joignirent quelques assises postérieures. Un exemplaire de ce digeste féodal fut déposé en une huche dans la sacristie de la cathédrale de Nicosie comme avaient été déposées autrefois à Jérusalem les Lettres du Saint-Sépulcre.

Il semblerait que ce texte officiel ait dû devenir comme le Code du royaume de Chypre ; il n'en est rien.

Chypre de 1369 à 1489. — Les luttes que nous avons signalées entre la royauté et les liges continuèrent. Si la déclaration de 1369 marque effectivement une date très importante dans l'histoire politique et juridique de Chypre, c'est par cas fortuit, par simple coïncidence. Très peu après

1. Macheras, 158-159.
2. Macheras, p. 159-160.
3. Déclaration 1369, Beugnot, I, p. 1 et suivantes.

janvier 1369, Gênes déclara la guerre au roi de Chypre, le battit, l'obligea à payer tribu. Vaincus et ruinés les rois de Chypre ne furent plus assez forts pour revenir, sur l'acte de 1369, dominer la communauté des liges et violer les assises (1). Mais les Lusignan et surtout Jacques II ont continué la lutte (2). Malheureusement pour Chypre ces efforts furent vains, les liges restèrent les maîtres. Les princes durent même jurer de défendre leurs vassaux contre tout ce qui vit dans l'île. C'était, au milieu des luttes intestinales, faire du Chef Seigneur un chef de parti.

L'anarchie fut effroyable. Les brigandages, les incursives de pirates, les invasions ne cessèrent pas. A la prospérité économique succéda presque la misère (3) ; la population de Chypre tomba de 500.000 à 300.000 âmes (4). La démoralisation fut extrême. La chevalerie désœuvrée perdit toute habitude de la guerre, tout sentiment de l'honneur. En 1426, elle fuira avec une incroyable lâcheté devant une petite armée égyptienne (5). La population rurale faite de serfs affranchis (6) fut peut-être pire encore (7).

Un tel pays ne pouvait vivre indépendant et en 1489, sans effort, la république de Venise devint la maîtresse de l'île.

C'était dans la logique des choses. En prétendant appliquer les assises de Jérusalem, en brisant l'autorité royale, en développant jusque dans ses conséquences les plus extrêmes les principes de la vieille assise d'Amaury, la communauté des liges chypriotes a instauré l'anarchie féodale et elle a préparé la ruine et l'asservissement de sa malheureuse patrie.

Conclusion. — Toute l'histoire de cette période peut se résumer en quelques mots.

1. Voir Macheras, toute la 2ᵉ partie de la chronique, il est plusieurs fois question d'ordres du roi, mais je crois que ce sont de simples bans criés au nom du roi.

2. Macheras, p. 55, 352 et suivantes.

3. Philippe de Mézières dans de Mas Latrie, *Histoire de l'île de Chypre*, t. II, p. 300. Heyd, *Histoire du commerce du Levant*, t. II, p. 407, 415, 417.

4. De Mas Latrie, t. III, p. 824.

5. Macheras, p. 377, 383 et suiv.

6. De Mas Latrie, t. III, p. 86, etc.

7. Macheras, p. 367, etc.

Depuis la perte de la Syrie jusqu'en 1369, la royauté a voulu briser la communauté des liges et devenir une monarchie de bon plaisir. Pour cela elle a cherché à substituer à l'autorité traditionnelle des assises de Jérusalem, celle de ses propres ordonnements. Systématiquement elle a violé les assises de Jérusalem en général et celle d'Amaury en particulier. Mais elle s'est heurtée à l'opposition des bourgeois et surtout à celle des liges très attachés à un droit qui leur assurait tant de privilèges.

En 1369, les anarchistes féodaux champions de la légalité ont réussi à imposer l'autorité du vieux livre de Jean d'Ibelin.

De 1369 à 1489 les Assises de Jérusalem n'ont plus été violées systématiquement, et les dispositions des anciens traités du xiiie siècle furent respectées en principe. Mais en réalité les mœurs étaient complètement transformées. A l'autorité royale vaincue a succédé non pas l'antique hiérarchie féodale, mais l'anarchie et le désordre.

Maintien ou abolition des assises de Jérusalem, tels furent la cause et l'enjeu de toutes les luttes politiques en Chypre de 1291 à 1489.

Les sources

Le droit de cette période est très difficile à connaître. Nous ne possédons qu'un seul livre contemporain : *le Livre du plédéant et du plaidoyer.*

Livres du Plédéant et du Plaidoyer

Les livres du plédéant et du plaidoyer ne sont pas très importants. Ils ne parlent ni de l'organisation générale du royaume ni du droit féodal. Ils s'occupent exclusivement des questions de droit privé qui étaient de la compétence des cours bourgeoises.

Les quinze premiers chapitres du livre du Plédéant traitent des fonctions et des pouvoirs des divers officiers composant les cours bourgeoises de Chypre et de l'organisation de ces cours (1). L'auteur indique ensuite quelles sont les différentes matières qui étaient de la compétence de ces cours et qui pouvaient être jugées par elles (2). Il donne d'assez nombreux détails sur quelques-unes d'entre elles (3).

Le livre du Plaidoyer expose les règles de la procédure (4). Puis il se termine par une série de chapitres qui traitent des questions les plus variées et qui le plus souvent ne sont que des citations d'ouvrages antérieurs. Ces derniers chapitres semblent être plutôt des pièces justificatives qu'une partie intégrante du livre.

Cet ouvrage, on le voit, a été composé suivant un plan très logique. Ce n'est pas son seul mérite. L'auteur n'était peut-être pas un esprit très original, mais c'était un homme consciencieux. De même que Philippe de Novare, quand il reproduit un écrivain antérieur il en avertit, et quand il expose un point de droit douteux, ou qu'il exprime une opinion personnelle et contestable, il a bien soin de le faire remarquer.

Autorité du Livre. — Il est bien difficile de savoir quels purent être l'autorité et le crédit des livres du plaidoyer et du plédéant. Ce qui est certain, c'est que en 1531, les Commissaires Vénitiens firent traduire en italien le livre du plédéant en même temps que celui de Jean d'Ibelin, et que le Livre des Assises des Bourgeois.

Valeur documentaire, — Ces deux traités ne sont pas sans intérêt documentaire. Evidemment ils ne traitent ni du droit public, ni du droit féodal. On y rencontre cependant quelques indications historiques intéressantes (5). Mais surtout ils ont pour l'étude du droit privé une très grande importance. On y trouve sur la procédure et le régime de la propriété foncière des renseignements très importants et très précis qui permettent de compléter le livre des

1. Ch. XV à XX.
2. Ch. XXI.
3. Ch. XXI à LXXI, voir notamment les chapitres relatifs à la vente.
4. Ch. I à XV.
5. Ch. XXIII du plédéant et XI du plaidoyer.

Assises des Bourgeois et de suivre l'évolution de cette intéressante partie du droit.

Les vieux livres d'assises.

Les vieux livres d'assises du XIIIᵉ siècle restent une source extrêmement importante.

Le livre de Jean d'Ibelin domine l'histoire de toute cette période. C'est de lui que se réclament les féodaux, et contre lui que lutte la royauté. En 1362, la communauté des liges demandera qu'on en fasse une rédaction officielle ; en 1369 pour marquer sa victoire et pour en profiter, elle commencera par faire exécuter cette rédaction. Mais si le livre des Assises de la Haute Cour domine toute l'histoire de cette période, il ne la fait pas connaître.

Du livre des Assises des Bourgeois, si vénéré qu'on l'attribuait à Godefroy de Bouillon lui-même (1), on pourrait en dire tout autant. Ces vieux traités sont encore les preuves officielles ou quasi officielles de la coutume. Dans les cas embarrassants et dans ces cas seulement sans doute on les consulte toujours. Mais ils ne sont plus d'accord avec la jurisprudence courante.

Par l'esprit, par les mœurs, par les institutions, on est bien loin du XIIIᵉ siècle et du droit que décrivent les vieux livres des assises. La féodalité a perdu tout caractère militaire, les serfs sont affranchis (2), l'organisation judiciaire est transformée (3).

A eux seuls les traités du XIIIᵉ siècle ne peuvent donner qu'une idée incomplète et inexacte du droit de cette période. Ils ne répondent pas à ces trois questions :

Jusqu'à quel point l'autorité législative du roi fut-elle reconnue en principe ?

Jusqu'à quel point les rois ont-ils voulu modifier la législation traditionnelle positive ?

Jusqu'à-quel point en fait la vieille législation a-t-elle été modifiée par la pratique judiciaire postérieure ?

1. C'est ce qu'affirment les explicites des trois manuscrits grecs.
2. Machéras, p. 86 et suivantes.
3. De Mas Latrie, t. III, toute la fin du livre.

Pour résoudre ces trois problèmes il faudrait des traités de droit constitutionnel, un bulletin officiel des lois, un répertoire de jurisprudence. Or, nous ne possédons presque aucun document.

Les textes juridiques et les chroniques que nous avons utilisé nous montrent que le droit pour le roi de faire des espéciaux coumandement était inadmissible en principe et qu'il fut très contesté en fait par les bourgeois et surtout par les liges. Ils nous montrent encore que les protestations ont été vives ou faibles, efficiantes ou inefficiantes, suivant que la situation politique et financière de la couronne était défavorable ou favorable. Mais c'est tout ; il nous est impossible de préciser davantage.

Jusqu'à quel point les rois ont-ils voulu modifier le droit positif ? Nous le savons moins encore. Nous ne possédons le texte que de 32 ordonnements royaux. Ce n'est évidemment là qu'une partie infime d'un tout beaucoup plus vaste. De ces 32 ordonnements : 3 sont de 1298, 7 de 1305, 10 de 1310-1311, 5 de 1355. Entre les années 1312 et 1355 nous n'avons pas un seul texte. Aucun de ces ordonnements n'est très important ni très novateur, mais ceci ne prouve rien. Les commandements postérieurs à 1312 que nous possédons sont précisément ceux que conservèrent en 1369 les hommes liges qui annulèrent les novelletés royales. Aucune de ces novelletés abrogées ne nous est parvenue, et ce sont celles-là qui aurait été le plus intéressant de posséder. Il nous est donc impossible de savoir ce que fut la législation positive de cette période.

Nous ne connaissons pas mieux la pratique judiciaire. Mais ici tout espoir n'est pas perdu. Si les chartes éditées sont rares, les chartes inédites sont certainement nombreuses dans les fonds d'archives d'Italie. Il est même possible qu'on retrouve des livres de la cour sur lesquels les greffiers transcrivaient les conclusions des parties, les jugements et quelquefois les ordonnements (1).

1. C'est ainsi que de Mas Latrie a trouvé au Vatican un livre de la Segrète. Notons que ces livres peuvent contenir le texte de commandements royaux et nous renseigner sur le droit positif.

En résumé pour l'histoire du droit chypriote, de la chute de Saint-Jean-d'Acre à l'année 1489, nos livres sont et resteront les sources principales, mais ils ne sauraient être une source unique. Il faut les utiliser avec circonspection. Il est nécessaire de les corriger et de les compléter par l'examen des chartres pour le droit privé, par l'étude de l'histoire politique pour le droit public. Tant qu'on n'aura pas exhumé un livre de la cour il sera impossible de faire une histoire solide et complète du droit de cette période.

CINQUIÈME PÉRIODE
(1489-1571)

On en peut dire tout autant de la période vénitienne.

En 1531 Venise fit chercher les meilleurs manuscrits français du livre de Jean d'Ibelin, du livre des Assises des Bourgeois et du livre du Plédéant. Elle fit faire de ces livres une traduction officielle et elle ordonna à ses magistrats d'utiliser exclusivement ces traductions.

Cependant le droit de cette période est très difficile à connaître.

Entre l'organisation que supposent et que décrivent ces vieux traités, et l'organisation de la Chypre vénitienne, telle que nous la font connaître les chroniques ou les décisions du Conseil des Dix, tout diffère.

Les vieux livres parlent d'un roi national, et il n'y avait plus qu'un gouverneur étranger. Ils supposent une féodalité puissante, nombreuse, agissante, et il n'existait plus qu'une vague noblesse faite surtout de nouveaux venus (1). Jean d'Ibelin décrit une haute cour royale, elle est remplacée par un grand conseil rempli de fonctionnaires non nobles (2). Les vieux coutumiers nous montrent les cours nobles ou bourgeoises très indépendantes, à compétence indéfinie, prononçant sans appel. Maintenant les cours seigneuriales ne jugent plus que les serfs (3), les cours bourgeoises n'ont plus que la basse justice et toutes deux sont soumises à l'appel devant les juridictions vénitiennes (4).

1. De Mas Latrie, *Hist. de l'Ile de Chypre*, t. III, p. 846.
2. *Ibid.*, p. 245-246.
3. *Ibid.*, p. 846.
4. *Ibid.*, p. 852-853.

Enfin et surtout Chypre était indépendante et le droit était créé par le roi et ses hommes. Maintenant Chypre n'est plus qu'une colonie et son droit est fixé à Venise par le Conseil des Dix. Si des coutumes chypriotes subsistent c'est parce que tel est le bon plaisir de la république vénitienne; elles ne subsistent du reste que dans la mesure où Venise le veut bien (1).

Tout le droit public est transformé, et pour le connaître, c'est presque uniquement aux décisions du Conseil et aux autres documents contemporains qu'il faut recourir.

Il est surprenant que le gouvernement de Venise ait fait traduire en italien des livres aussi vieillis et désuets.

Peut-être le fit-il dans un but de polique pour paraître respecter les institutions traditionnelles de ses nouveaux sujets.

Peut-être aussi dans certains cas pouvait-il être utile de consulter encore ces vieux livres pour prouver la coutume.

Si la féodalité avait perdu tout caractère militaire pour n'être plus qu'un régime de propriété, il se peut que certains rites aient subsisté, que le droit féodal complètement transformé dans son esprit soit demeuré dans sa lettre.

Beaucoup de règles du droit privé se sont certainement maintenues elles aussi.

Ces traductions italiennes des livres des assises sont donc des documents qu'il convient de consulter, mais ils ne peuvent plus servir que d'une façon subsidiaire. C'est dans les chartes contemporaines et dans les archives de Venise qu'il faut aller chercher les sources du droit chypriote de 1489 à 1571.

1. *Ibid.*, p. 413-414.

CONCLUSION

Une étude aussi modeste que celle-ci, et qui n'a d'autre
but que de rendre possible une utilisation meilleure des
Livres des Assises de Jérusalem, ne comporte pas à vrai
dire en elle-même de conclusion.

Qu'il soit cependant permis en terminant d'exprimer le
vœu qu'un historien utilise de façon complète les *Livres
des Assises* et nous donne enfin un tableau général du
droit public et du droit privé de l'orient latin.

Cette étude serait à la fois facile, féconde et intéressante.

L'étude serait facile puisque tous les livres sont édités
de façon suffisante. Beugnot nous a donné un texte satis-
faisant des livres du Plédéant et du Plaidoyer, de la Clef
des Assises, des livres de Jacques d'Ibelin et de Geoffroy
le Tort et enfin du Livre au Roi. Nous devons à Kausler
une bonne édition du *Livre des Assises des Bourgeois*. On
trouve dans Thaumas de la Thaumassière la rédaction
officielle du livre de Jean d'Ibelin et Canciani a publié
toutes les traductions italiennes. Sans doute une édition
critique de l'œuvre de Philippe de Novare pourrait peut-
être rendre au Livre à un Sien Ami, sa physionomie primitive ; et la publication du ms. fr. 19025 nous donnerait
du livre de Jean d'Ibelin un texte plus pur. Mais je ne sais
si ces publications pourraient ajouter un seul renseignement utile à ceux que l'on peut trouver dans les éditions,
pourtant si défectueuses, de Beugnot.

L'étude serait féconde : par le livre de Philippe de Novare
et le Livre au Roi on aurait des renseignements nombreux
et précis sur le droit du xiie siècle ; on peut évidemment
connaître dans tous ses détails le droit du xiiie siècle.

Enfin, grâce au livre du plédéant et du plaidoyer et grâce
au livre de Jean d'Ibelin et au *Livre des Assises des Bourgeois*, qui sont restés jusqu'au bout la preuve quasi officielle de la coutume, il serait possible de suivre l'évolution
du droit latin jusque dans son déclin.

Faut-il souligner l'intérêt d'une pareille étude ? Est-il
nécessaire de dire que l'historien, le juriste et le sociologue
trouveraient profit à connaître les institutions de ces deux
grandes colonies de la chrétienté médiévale que furent les
royaumes de Jérusalem et de Chypre ?

On y verrait que le droit public et le droit privé de
l'orient latin ont été profondément originaux.

On sait qu'une assise d'Amaury avait ordonné l'hommage
lige au roi de tous les vassaux et arrière-vassaux du
royaume. L'existence de cette seule institution ne suffit-
elle pas à prouver que le droit féodal et ce que l'on appel-
lerait aujourd'hui le droit public étaient dans l'orient latin
très différents de ce qu'ils étaient en France.

Le droit privé n'était pas moins original. S'il est un
point qui semblerait devoir être le même en Syrie qu'en
Occident, c'est bien le lien matrimonial qui était réglé
par les décrets d'une église catholique. Eh bien ! nous
apprenons par Philippe de Novare « que les décrétales
n'étaient pas toujours observées » (1) et nous voyons dans
le *Livre des Assises des Bourgeois* qu'en Syrie le mariage
était rompu si l'un des conjoints était atteint de la lèpre ou
de quelque maladie répugnante et que l'époux resté sain
pouvait se remarier, même s'il existait des enfants (2).
Zachariæ de Ligenthal a du reste noté depuis longtemps
les similitudes du droit latin et du droit byzantin postérieur à Justinien (3).

Mais de cette étude, quel sera le résultat ? Sans doute,
quand aura été démontrée l'extrême originalité de ces ins-

1. Ch. XLVII, p. 522.
2. *Livre des Assises des Bourgeois*, éd. Beugnot, ch. CLXXV, VI,
VII, éd. Kausler, ch. CLXXII, III, IV. Cf. Esmein, *Le mariage en
droit canonique*, t. II, p. 82 et suiv.
3. Zachariæ de Ligenthal ; *Histoire du droit privé gréco-romain*,
trad. Laceth, p. 41.

titutions, on pourrait ensuite se livrer à des recherches de droit médiéval comparé du plus haut intérêt. Sans doute, mais on comprendra aussi qu'il ne faut pas utiliser les *Livres des Assises de Jérusalem* comme une des sources du droit français et alors... on les laissera simplement tomber dans l'oubli.

Vu : le Président de la thèse,
CHÉNON

Vu : le Doyen,
BERTHÉLEMY

Vu et permis d'imprimer,
Le Recteur de l'Académie de Paris,
P. APPELL

BIBLIOGRAPHIE

SOURCES (1)

Thaumas de la Thaumassière. — Assise et bons usages du royaume
de Jérusalem, tiré d'un manuscrit de la bibliothèque vaticane par Messire Jean d'Ibelin. Paris, Bourges, 1686, 1 vol.
in-f°.

Canciani. — Inférior Curia-Scripturae sepulcrri seu assisiac et consuetudines regni hierosolymitani inde vero emendatae et
auctae serenissimae reipublicae venetae auctoritate in ita-
licum linguam translatae... Additur Liber Placitorum vice-
comitatus regnorum Jérusalem et Cipri eadem auctoritate et
cura italice tractatus dans Barbarum Leges antiquae, t. II,
p. 479 et suivantes. Venise, 1783, 1 vol. in-f°.

— Liber consuetudinum imperii Romaniac in venetorum et franco-
rum dicionem redacti concinatus in usum principatus
Achaïac dans Barbarum Leges Antiquae, t. III. Venise,
1785, 1 vol. in-f°.

— Supérior Curia-Scripturae sepulchri seu assisiac et consuetudines
regni hierolymitani ab inclito duce Godefrido Bullioneo
primo in regnum electo institutae ; inde vere emendatae et
auctae a Johanne de Ibelin Comite Joppe et Ascalon domino
Pamac dans Barbarum Leges Antiquac, t. V. Venise, 1792,
1 vol. in-f°.

Zachariæ. — Historiae Juris Graeci-Romani Delineatio cum appendice in editorum. Heidelberg, 1839, 1 vol. in-8°.

Foucher (Victor). — Assises du royaume de Jérusalem (texte français
et italien), 1re partie Assises des Bourgeois, 2e partie Le
Plédéant et le Plaidoyer. Rennes, 1840, 2 vol. in-8°.

Kausler. — Les Livres des Assises et des Usages deu reaume de
Jérusalem, t. 1 (seul paru) Stuttgardiae, 1839, 1 vol. in-4°.

Beugnot. — Assises de Jérusalem, t. I. Assises de la Haute Cour,
t. II. Assises de la Cour des Bourgeois dans le Recueil des
Historiens des Croisades. Paris, 1841-1843, 2 vol. in-1o.

1. Je ne signale aucune des chroniques des croisades parce que on en
trouvera une excellente bibliographie critique dans Molinier : *les Sources
de l'Histoire de France.*

Rosière (Eugène de). — Cartulaire de l'Eglise du Saint-Sépulcre-de-Jérusalem, Paris, 1849, 1 vol. in-4°.

Tafel et Thomas. — Urkunden zur älteren Handels und Staatsgeschichte der Republik Venedig (dans Fontes rer um Austriacarum, vol. XII-IV. Wien., 1856-7, 3 vol. in-8).

Assises d'Antjoche. — Reproduites en français... par la Société Mékébitariste de Saint-Lazare. Venise, 1876, 1 vol. in-4.

Sathas. — Assisiac et Leges Cypriae et alia dans Biblio heca graeca medii aevi, vol. 6. Paris, 1877, 1 vol. in-8 **(2)**.

Miller et Sathas. — Chronique de Chypre, par Léonce Machéras. Paris, 1881-1882, 2 vol. in-4 (3).

De Mas Latrie. — Chroniques d'Amadi et de Strambaldi dans la Coll. des doc. inéd. Paris, 1891.

Cornelio Desimoni. — Actes génois d'Arménie passés en 1271, 1274, 1279 (Revue de l'Orient Latin, t. I, p. 434-535) ; actes passés à Famagouste de 1291 à 1301, par devant le notaire génois Lamberto di Sambaceto (Revue de l'Orient Latin, 1re, 2e, 3e année).

Delaville Le Roulx. — Cartulaire de l'Ordre des Hospitaliers de Saint-Jean-de-Jérusalem (1110-1310). Paris 1894-1906, 4 vol. in-f°.

Karst (Joseph). — Armenisches Rechtsbuch:Sempadscher codex au dem 13e lahrhundert, Strasbourg, 1905, 2 vol, in-4.

Kohler. — Les Gestes des Chyprois dans la coll. des Hist. des Croisades. Documents arméniens, tome II, p. 651 à 872. Paris 1906, 1 vol. in-f°.

Longnon (Jean). — La Chronique de Morée dans la Soc. d'Hist. de France, Paris, 1911, 1 vol. in-8.

Novare (Philippe de). — Mémoires (1218-1243), éd. Kohler. Paris, 1913, 1 vol. in-12.

OUVRAGES MODERNES (1)

Le Quien. — Oriens Chritianus, 1740, 1 vol. in-f°.

De Mas Latrie. — Histoire de l'Ile de Chypre sous les princes de la Famille de Lusignan. Paris, 1851, 3 vol. in-4°.

Rey. — Les Familles d'Outre-Mer de Ducange dans Coll. des Doc. inéd., 1869, 1 vol in-4°.

Zachariæ. — Histoire du Droit Privé Gréco-Romain, traduit. Lauth. Paris, 1870, 1 vol. in-8.

Bibliographie de l'Orient Latin. — 1878-79-80. Dans Archives de l'Orient Latin, tome I. Cette bibliographie a été continuée et tenue au courant dans la Revue de l'Orient Latin.

---

1. Je signale uniquement les ouvrages à la fois les plus importants è les plus fréquemment utilisés.
2. En dialecte chypriote.
3. C'est la plus ancienne chronique chypriote connue.

— 181 —

Schlumberger. — Numismatique de l'Orient Latin. Paris, 1878,
     1 vol. in-4° et 1 vol. de planches.
— Archives de l'Orient Latin. Paris, 1881-1884, 2 vol. in-4°.
Rey. — Les Colonies Franques de Syrie aux xii° et xiii° siècles. Paris,
     1883, 1 vol. in-8°.
Inventaire sommaire des manuscrits relatifs à l'histoire et à la géo-
     graphie de l'Orient Latin, dans Archives de l'Orient Latin,
     t. II. Cet inventaire a été continué et tenu au courant dans
     la Revue de l'Orient Latin.
Heyd. — Histoire du commerce du Levant, trad. Furcy-Rainaud.
Delaville-Le Roulx. — La France en Orient au xiv° siècle. Paris,
     1885-1886, 2 vol. in-8°.
Mortet (Charles). — Les assises de Jérusalem dans la Grande Ency-
     clopédie. V° Assises.
Rœhricht (Reinhold). — Regesta Regni Hierosolymitani, MXCVII-
     MCCXCI. Œniponti, 1893, 1 vol. in-8°.
— Additamentum, Œniponti, 1904, 1 vol. in-8°.
Dodu. — Histoire des Institutions monarchiques du Royaume latin
     de Jérusalem. Paris, 1894, 1 vol. in-8°.
— Revue de l'Orient Latin. A paru de 1893 à 1913.
Jorga. — Philippe de Mézières et les Croisades au xiv° siècle.
     Paris, 1896, 1 vol. in-8°.
Krumbacher. — Geschichte der byzantinischen Litteratur, 2° éd.
     Munich, 1897, 1 vol. in-8°.
Rœhricht (Reinhold). — Geschichte der Königreich Jerusalem.
     Insbruck, 1898 (vol. in-8°).
Langlois. (Ch. V.). — La Vie en France au moyen âges d'après
     quelques moralistes du temps. Paris, Hachette, 1 vol. in-12.
Teichman (A.). — Ueber die Assisen von Jerusalem und von
     Antioche dans Festgaben des Juristichen Fakultät des Uni-
     versität Basel zum Siebgigsten. Geburstag von Andreas
     Heusler, 3 sept. 1904. Bâle 1904, 1 vol. in-8°.
Zeller. — Die Assisen von Jerusalem nach der Handschrift Mün-
     chen cod. gall. 51. Berlin, 1910, 1 vol. in-8°.
Brehier (Louis). — L'Eglise et l'Orient au moyen âge : Les Croi-
     sades. Paris, 1911, 1 vol. in-12.
Madelin (Louis). — Article de la Revue des Deux-Mondes, 15 mars
     1917.

TABLE DES MATIÈRES

But et plan de cette étude

PREMIÈRE PARTIE

CE QUE SONT LES LIVRES DES ASSISES

DEUXIÈME PARTIE

CE QUE VALENT LES LIVRES DES ASSISES

Imprimerie H. Jouve et Cie, 15, rue Racine, Paris. — 5975-23

ERRATA

P. 24, dernière ligne, *lire :* du droit, *au lieu de :* des droits.

P. 25, 4ᵉ ligne, *lire :* elles ne seront *au lieu de :* ils ne seront.

P. 31, note trois, *lire :* voir plus loin p. 92.

P. 34, 10ᵉ ligne, *lire :* au ms. italien 28, *au lieu de* de un ms. italien 29.

P. 49, 6ᵉ et 13ᵉ ligne, *lire :* 1244, *au lieu de :* 1239.

P. 57, note 3, *lire :* sévère et plus archaïque, *au lieu de :* sévère est plus archaïque.

P. 62, note 4, *lire :* voir les chapitres cités pages 60 et 61.

P. 63, 10ᵉ ligne, *lire :* 126, *au lieu de :* 125.

P. 64, note 2, *lire :* voir plus loin p. 123 et suivantes.

P. 66, 1ʳᵉ ligne, *lire :* deux variantes *au lieu de :* yeux variantes.

P. 72, 10ᵉ ligne, *lire :* jugé, *au lieu de :* ujé.

P. 89, note, *lire :* Dieu pardoint, *au lieu de :* dieu par doiñt.

P. 101, note 4, *in fine, lire :* Königreichs, *au lieu de :* Kœnigsremch.

P. 104, 5ᵉ ligne, *lire :* réformaient, *au lieu de :* déformaient.

P. 104, note 5, *lire :* nom de pays, *au lieu de :* non pays.

P. 105, note 1, *lire :* la fonde, *au lieu de :* la foule.

P. 106, note 4, *lire :* Regesta Regni Hiérosolymitni, *au lieu de :* Regesta Hieroslymitani.

P. 115, note 7 et 8, *lire :* Kohler, *au lieu de :* Hohler.

P. 130. C'est par suite d'une erreur typographique que les mots : « Le livre de forme de plait » ont été présentés en grand titre. Ce n'est en effet qu'une subdivision de l'étude consacrée à Philippe de Novare.

P. 131, 27ᵉ ligne, *lire :* primitif *au lieu de :* positif.

P. 132, 7ᵉ ligne, *lire :* adapté *au lieu de :* adopté.

P. 134, 17ᵉ ligne, *lire :* à la puissance *au lieu de :* à la toute-puissance.

P. 143. C'est par suite d'une erreur typographique que les mots : « Le livre des assises de la Haute Cour » ont été présentés en grand titre. Ce n'est en effet qu'une subdivision de l'étude consacrée à Jean d'Ibelin.

P. 159, 9ᵉ ligne, supprimer les guillemets après le mot « Dieu » et les reporter après le mot « honourable » à la 11ᵉ ligne.

P. 162, 2ᵉ ligne, *lire :* imposer. Ce remède de 1362 est... *au lieu de :* imposer, ce remède de 1362? est...

P. 180, 7ᵉ ligne, *lire :* Mékitariste *au lieu de :* mékanitariste.

P. 184, entre les lignes 27 et 28 intercaler les mots: « les vieux livres des assises page 170 ».

[illegible]

www.ingramcontent.com/pod-product-compliance
Ingram Content Group UK Ltd.
Pitfield, Milton Keynes, MK11 3LW, UK
UKHW022020170726
13837UKWH00001B/297

Louis LAROCHE

Docteur en Droit

UNE BIENFAITRICE DE PARIS

SOUS LA

RÉVOLUTION

MADAME QUATREMÈRE

PARIS

1901